E. W. サイード

戦争とプロパガンダ

中野真紀子
早尾貴紀
共訳

みすず書房

WAR AND PROPAGANDA

A Collection of Essays

by

Edward W. Said

Propaganda and war
Collective passion
Backlash and backtrack
Adrift in similarity
A vision to lift the spirit
Suicidal ignorance
Israel's dead end
Edward W. Said–The Progressive Interview by David Barsamian

戦争とプロパガンダ＊目　次

プロパガンダと戦争

アル・アクサ・インティファーダ(1)のときほど、メディアが戦争の方向の決定において影響力をもったことはない。このインティファーダは、西欧のメディアに関するかぎりは、本質的にイメージと理念の闘争になってしまったのだ。イスラエルはすでに何億ドルもの大金をヘブライ語で「ハスバラー」と呼ばれる国外の世界に対する情報戦（つまりプロパガンダ）に費やしてきた。これには、あらゆる領域が含まれている。影響力のあるジャーナリストを無料で昼食や旅行に招待することもあるし、ユダヤ人の大学生に対するセミナーもある。学生たちは、人里離れた田舎の合宿所でまる一週間もかけて、大学のキャンパスでイスラエルを「擁護する」ように思想注入される。国会議員を訪問や招待やパンフレット送付で攻め立て、とどめに選挙資金を提供する。現在発生しているインティファーダについて、写真家や記者がある一定のイメージだけを作りだすように仕向ける（必要な場合には嫌がらせをしてでも）こと、著名なイスラエル人によるレクチャーやコンサートのツアーを開くこと、ニュース解説者がホロコーストと現在のイスラエルの苦境について頻繁に言及するように仕込むこと、アラブ諸国を攻撃しイスラエルを称賛するような新聞広告を大量にうつこと、などなど。メディアや出版業界の有力者の非常に多くが強烈なイスラエル支持者であるという事実が、これらの遂行をずっと容易にしている。

これらのことは、一九三〇年代から四〇年代にかけての時期以降、あらゆる近代国家（民主的であろうとなかろうと）が目的を追求するために用いるさまざまな方策——ニュース視聴者の側に同意と承認を捏造すること——のうちのほんの一部にすぎないが、アメリカにおいてこれらの方策をこれほどまでに効果的かつ長期間用いている国家や圧力団体は、イスラエルをおいて他にはない。

このような種類の意図的な誤情報のことをジョージ・オーウェルは「ニュースピーク」とか「二重思考」と呼んだ。つまり、犯罪行為を隠蔽するのに、とりわけ不正な殺人を隠蔽するのに、正義や理性の見せかけを用いようとする意図である。イスラエルの場合は、パレスチナ人から土地を奪うにあたって、つねにパレスチナ人を沈黙させるか目につかぬようにしておこうという意図が働いており、その結果として、真実が丸ごと、あるいは大部分が隠ぺいされ、また歴史の大掛かりな偽造がおこなわれることになるのだ。過去数カ月のあいだイスラエルが世界に対してうまく証明しようとしてきたのは、イスラエルこそがパレスチナ人の暴力とテロによる無実の犠牲者であって、アラブ人とムスリムはただユダヤ人に対する不合理な憎しみのためだけにイスラエルと衝突しているのだということである。それ以上でも以下でもない。そして、こうしたキャンペーンをひじょうに効果的にしてきたものは、西欧がもっている自分たちの反ユダヤ主義に対する積年の罪悪感なのだ。この罪過を他の民族つまりアラブ人たちに肩代わりさせること以上に効率のいい手があるだろうか？　そうすれば、みずからを正当化できるだけでなく、中傷され迫害されてきたユダヤ人のために何かいいことをしたのだと救いを感じることができる。いかなる対価を払ってでもイスラエルを守ること——パレスチナ人の土地を軍事占領下に置き、強力な軍事力をもち、イスラエル人一人に対してパレスチナ人を四、五人の割合で殺傷してきたのはイスラエルのほうなのだが——が、プロパガンダの目的である。また、イスラエルがいままでどおり弾圧を続けつつ、同時に犠牲者であるように見せかけることなのだ。

しかしながら、この比類のない不道徳な試みが途方もない成功を収めたのは、この注意深く計画され実行されたキャンペーンのおかげでもあるが、アラブの側がほとんど不在であったという事実によるところも大きいことは間違いない。アラブの歴史家がイスラエル建国後のはじめの五

○年間を振り返れば、多大な歴史的責任がアラブの指導者たちの上に逃れようもなくのしかかるはずだ。指導者たちは、犯罪的に——そう、犯罪的に——最小限のおざなりの対応さえもせずに、この事態が続くことを許したのだ。そうする代わりに、彼らは相互に争い、アメリカ政府に取り入れば（アメリカのクライアントになることさえ辞さない）、アラブの利益になるかどうかは別としてみずからの権力の安泰は約束されるという、救いがたく身勝手な理屈に走ったのである。こうした考えはひじょうに根深く、パレスチナ人の指導部までもが染まってしまっている。そしてその結果、インティファーダが続いていても、一般のアメリカ人たちは、パレスチナ人にも少なくともイスラエルの建国までさかのぼる苦しみや追放の物語があることに微塵も気づくことがなくなってしまったのだ。一方、アラブの指導者たちは、アメリカの保護を求めてワシントンに駆け込んでいるが、アメリカ人が三世代にわたってイスラエルのプロパガンダのもとに成長し、「アラブ人は嘘つきのテロリストである」とか「アラブ人と取引をするのは間違っており、彼らを保護するなんてもってのほかだ」と信じているということはまったく理解していないのだ。

一九四八年以来、[2]アラブの指導者たちはアメリカ内のイスラエルのプロパガンダにあえて立ち向かおうとは一度もしなかった。軍事支出（最初はソ連製の、後には西側の兵器）に投資された莫大なアラブ・マネーはすべて無に帰した。アラブ側の努力には情報活動による援護がなく、忍耐強く秩序立てて説明されてもこなかったからだ。その結果、文字通り何十万ものアラブ人の死が無駄になった。まったくの犬死である。そして、世界のただひとつの超大国の市民は、アラブ人というものはやることなすことすべて破壊的で暴力的で狂信的で反ユダヤ的であると信じるまでにいたった。イスラエルだけが「われわれ」〔アメリカ人〕の同盟国だ。だからこそ、一九六七年以降[3]で九二〇億ドルにも達する援助がなんの疑いもなくアメリカの納税者からユダヤ人国家へとおこなわれてきたのだ。前述のように、アメリカの政治的・文化的シーンに働きかけようとする計画と思考がまったく欠如していたことが（といってもそればかりでもないのだが）、一九四八年以来驚くべき規模に達するアラブ人の土地と生命が（アメリカの援助を受けた）イスラエルによって奪われたことについて大いに責められるべきなのである。この重大な政治的犯罪について、アラブの指導者たちがいつの日か責任をとってくれることをわたしは期待したい。

わたしが思い出すのは、一九八二年のベイルート包囲攻撃[4]のあいだ、成功したパレスチナ人ビジネスマンと著名な知識人による大きな民間団体がロンドンに集まり、あらゆるレベルでパレスチナ人を支援するために基金を設立したことだ。PLOがベイルートに閉じ込められ身動きが取れない状態になっていたので、こうした運動は有効な自助努力と感じられた。その基金は早急に集まり、使い方をめぐる多くの議論を経て、ゆうに半分の資金が欧米における情報活動のために使われることが決定した。パレスチナ人がイスラエルに弾圧されても――いつものことだが――被害者を支援する声が欧米で上がることがほとんどないので、情報宣伝が絶対に必要と思われたのだ。基金を広告やテレビ放映や巡回公演などに使うことで、訴えることも気づかれることもないままにパレスチナ人が殺されたりいっそう弾圧されることを少しでも阻止しなければならなかった。このことがとりわけ重要であるとわたしが思うのは、アメリカの納税者の金がイスラエルによる非合法な戦争・入植・支配を支援するために使われていたからである。この方針はその後約二年間遵守された。そして突然、わたしにはいまだによく理解できない理由から、アメリカにおけるパレスチナ人支援努力は打ち切られてしまった。わたしがその理由を尋ねると、湾岸地域の事業で財をなしたあるパレスチナ人から、アメリカに「資金を費やすこと」は無駄だ、と言われた。今では慈善事業はただ被占領地域とレバノンで続いているだけであり、そこではこの民間団体もかなり成果をあげているが、それでもEUが出資した事業や多くのアメリカの基金が出資した事業に比べれば微々たるものにすぎない。

数週間前、アラブ反差別委員会（ADC）という、アメリカで最大かつもっとも影響力のあるアラブ系アメリカ人組織が、アメリカ人がパレスチナ＝イスラエル紛争について現在どう見ているかについて世論調査をおこなった。ひじょうに広範囲な人々から集められた意見のサンプルが調査されたが、その結果は落胆するとまでは言わないにしても、まったく驚くようなものであった。イスラエル人たちは民主主義の先駆者であるといまだに信じられているのだ。イスラエルの指導者らは同じ世論調査において誰も評価されていないにもかかわらずである。アメリカ人の七三パーセントがパレスチナ国家という考えを容認しているということも驚くべき結果である。この統計結果は次のように解釈できる。テレビを見、エリート紙を読む教養のあるアメリカ人に「あなたはパレスチナ人の独立と自由のための闘争に共感するか」と尋ねたら、その答えはたいてい「はい」である。しかし、同じ人が「パレスチナについてどう思うか」と訊かれれば、ほとんどつねにその答えは否定的なものである――つまり、暴力とテロリズムだ。パレスチナ人のイメージは、非妥協的で攻撃的でそして「異人」である、つまり「われわれ」とは違う、というものだろう。投石する若者たちは、わたしたち〔パレスチナ人〕にとっては巨人ゴリアテに対して闘う少年ダビデであるが、たいていのアメリカ人はヒロイズムよりも攻撃性をそこに見るのだ。アメリカ人はいまだにパレスチナ人が和平プロセスを(5)、とりわけキャンプ・デーヴィッドにおける合意成立(6)を妨害しているとして責めている。自爆攻撃は「非人道的」であるとみなされ、例外なく非難されるのである。

また、アメリカ人がイスラエル人に対してどのように思っているかは、パレスチナ人に対してよりもずっといいというわけではないのだが、しかし人としてのイスラエル人に対する共感はずっと大きい。もっとも気がかりなのは、質問をされたアメリカ人のほとんど誰もがパレスチナ人の物語をまったく知らないということだ。一九四八年の出来事についても何も知らないし、イスラエルの三四年にもわたる非合法な軍事占領についても何も知らない。アメリカ人の考え方に支配的な影響を及ぼしている語りのモデルは、いまだにレオン・ユリスの一九五〇年の小説『エクソダス』(7)であるようだ。それと同じくらい不安にさせるのは、この世論調査においてもっとも否定的なものとされたのがヤセル・アラファトであるという事実だ――彼の服装(不必要に「好戦的」に見える)について、彼のスピーチについて、彼の存在についてアメリカ人が考えたり言ったりすることは、きわめて否定的である。

全体として、結論は、パレスチナ人は彼ら自身の物語を通して理解されることもなければ、人々が容易に共感できる人間らしいイメージで見られることもないということになる。これほどまでにイスラエルのプロパガンダが成功しているので、パレスチナ人に肯定的な意味合いが付随することは実際ほとんどないようだ。パレスチナ人はほぼ完全に非人間化されている。

イスラエルのプロパガンダが五〇年ものあいだアメリカで反論されることもなくまかり通ってきた結果、いまでは、(自分たちのイメージやメッセージが重要な点でこれほどまでにひどく歪められて伝えられていることに対して、わたしたちがきちんと抵抗したり抗議したりしないため）わたしたち〔パレスチナ人〕が何千という命を失い、何エーカーもの土地を奪われていても、誰の良心を悩ませるということもないというところにまできているのである。八月二十七日の『インデペンデント』紙でフィル・リーヴス記者は、激しい調子で書いている。「イスラエルによってパレスチナ人が殺されたり弾圧されていても、世界は沈黙して傍観している。」

したがって、この沈黙を破るのは、しかも発砲したり泣き叫んだり不平をもらすことによってではなく、合理的で体系立った効果的なやり方でこの沈黙を破るのは、どこまでもアラブ人とパレスチナ人の責任になるのである。これをすべて実行する理性をわれわれがもっていることは間違いないが、いま求められているのは冷徹な論理である。アメリカ人の思考では、南アフリカの解放闘争とパレスチナとの類比や、ネイティヴ・アメリカンの恐ろしい運命とパレスチナとの類比は、断固としてありえない。これらの類比をつくり出すために、わたしたちはまず何よりも自分たちを人間として認識させる必要がある。そうすることによって、チャールズ・クラウトハンマーやジョージ・ウィルなどのようなアメリカのコラムニストたちがパレスチナに対する殺戮や爆撃を一段と強化せよというあつかましい要求を掲げるというような、シニカルで極悪なプロセスをくつがえす必要があるのだ。そのような提言は、パレスチナ人以外にはどんな民族に対してもとてもできるようなものではない。アメリカの支援のもと、戦争犯罪人シャロン(8)がわれわれをまた何人か始末してやろうと決めたときには、いつでも好きなときにハエや蚊のように簡単に殺されるという運命を、なぜわれわれはおとなしく受け入れなければならないのか？

嬉しいことに、ＡＤＣの委員長ザイアド・アサーリーから次のことを教えられた。ＡＤＣは、マスメディアを通じて前例のない情報宣伝キャンペーンに乗り出し、不均衡をただし、人間としてのパレスチナ人を、つまり母親であると同時に教師だったり医者だったりする女性として、畑で働いていたり核技術者であったりする男性として、何年ものあいだ軍事占領下に置かれ、そして今でも抵抗している人々として、示そうというのである。そもそも、こんなことが必要だということ自体のアイロニーがおわかりになるだろうか（付け加えておくと、そもそもイスラエルによる占領がなされているという事実を少しでも知っていると答えた人は全体のわずか三、四パーセント以下だったという驚くべき世論調査結果がある。このように、パレスチナ人の生存の根本的事実でさえも、イスラエルのプロパガンダによってぼやかされているのだ）。このキャンペーンのような努力がアメリカにおいてなされたことはこれまで一度もなかった。五〇年間の沈黙が、ようやくいま破られようとしている。

まだ大したものではないとしても、公表されたＡＤＣのキャンペーンは大きな前進でもある。

アラブ世界が倫理的・政治的に麻痺している状態にあると思われ、その指導者らがイスラエルとの、またより重要なアメリカとの絆の両方に縛られて身動きがとりにくくなっており、人々が不安と抑圧の状態に放置されているということを考えてみよ。パレスチナ人や、彼らと共闘した勇敢なレバノン人たちが一九八二年にイスラエルの軍隊によって一万九千人も殺されたときと同じように、ガザ地区と西岸地区のパレスチナ人が死んでいくのは、イスラエルが罰せられることなく殺す力をもっているためだけではない。近代史においてはじめてのことだが、イスラエルとその支援者が作り上げた軍事力と欧米におけるプロパガンダとが積極的に提携し、毎年五〇億ドルも送られるアメリカの税金に支えられて、イスラエルがパレスチナ人に対する集団的な懲罰を継続することを可能にしたのだ。メディアの描くパレスチナ人は、歴史も人間性も与えられておらず、攻撃的に投石する乱暴な人々としてのみ表象されている。これによって、頭は鈍いが政治的には抜け目のないジョージ・ブッシュでさえも、容易にパレスチナ人を暴力的であると責めることができるようになっているのである。この新しいADCのキャンペーンはパレスチナ人の歴史と人間性を回復し、彼らを（現実にはこれまでもつねにそうであったように）「われわれと同じような」人々として、つまり自由に生き・子供を育て・平和のうちに死ぬ権利を求めて闘っている人々として描こうと試みている。この物語がたとえほのかな輪郭であってもアメリカ人の良心に届きさえすれば、イスラエルが現実を覆い隠すのに使っていた邪悪なプロパガンダの巨大な雲も、真実によって吹き払われはじめるだろうとわたしは期待している。メディア・キャンペーンにできるのはせいぜいここまでであるということは明らかである。そこで、次に期待されるのは、アラブ系アメリカ人が自分たちの力に十分な自信をもってアメリカにおける政治闘争に乗り出し、アメリカの政策をここまで強固にイスラエルに結びつけている絆を壊し、解きほぐし、修正することである。そうなってはじめて、われわれはふたたび希望がもてるのだ。

Propaganda and war. *Al-Ahram Weekly Online*, 30 August-5 September 2001 Issue No. 549

集団的熱狂

ニューヨーク（と、それほどではないがワシントン）を襲ったような恐怖の大惨劇は、姿の見えぬ正体不明の攻撃者、政治的なメッセージのないテロ活動、無分別な破壊からなる新しい世界が到来したことを告げている。傷ついたこの市の住人たちにとって、狼狽、不安、そして恒常的な憤激の気持ちとショックは、きっと長いあいだ続くだろう。同じように、これほどの殺戮が、これほど多くの人々に、これほど残酷に強いた、心からの悲しみと苦悩もまた、きっと長いあいだ続くだろう。ニューヨーカーたちは幸運だった。ルディ・ジュリアーニ市長は、ふだんは人好きもせず、不快なほど闘争好きで、反動的ですらある人物で、頑強なシオニスト的意見の持ち主として知られているのだが、すぐに〔第二次世界大戦におけるイギリスの〕チャーチルのような役割を果たしはじめたのだから。冷静に、感情を抑え、そして並外れた情熱でもって、彼は市の英雄的な警察官と消防士と救急隊員を出動させ、彼らの中からも多大な犠牲を出しながらも、すばらしい効果を挙げた。また、誰よりも先にパニックに対して警告し、市内に大きなコミュニティを形成しているアラブ人やムスリムへの排外主義的な攻撃に対して警告し、人々が共有する苦悶を表明し、この大きな打撃から立ち直って日常生活を再開するよう人々を促したのもまた、ジュリアーニ市長だった。

他に何もなければ、これで終わったはずだった。しかし、言うまでもなく、全国テレビ網のリポートは、あらゆる家庭に向けて、翼のついた忌まわしい怪物という恐怖を送り付けた。そう、絶え間なく、しつこく、必ずしもためにはならない内容で。たいていの解説は、ほとんどのアメリカ人が感じているであろうと予想されるわかりきったことを強調し、実際のところ誇張さえしている。つまり、おそるべき損失、怒り、憤激、弱点を攻撃されたという感覚、復讐とやりたい放題の報復に対する欲望だ。大手のテレビ・チャンネルでは、何が起こったのか、テロリストは誰か（今までのところ何も証明されていないのだが、だからと言って非難がくり返し延々となされることが妨げられたりはしない）、いかにアメリカが攻撃されたのかを確認することばかりしゃべり、それ以外には何もないのだ。政治家や著名な学者先生や専門家はといえば、誰もが、悲嘆と愛国主義を型通りに表現しつつ、そのうえで、われわれは屈してはならない、思いとどまってはならない、テロを撲滅するまで立ち止まってはならないと、忠実にくり返してきた。これはテロリズムに対する戦争だとみなが言っているが、しかし、どこで戦争するのだろうか。どこが前線なのだろうか。何が具体的な目的なのだろうか。答えはまったく与えられていない。中東とイスラームに「われわれ」〔アメリカ人〕は対峙している、テロリズムは破壊されるべきだ、こういった曖昧な提言があるだけだ。

しかしながら、もっと気が滅入るのは、世界の中でのアメリカの役割を理解するために費やされた時間があまりにも少ない。これまで世界の残りの部分をはるか彼方に感じさせてきた〔アメリカの東岸と西岸の〕二つの海岸の向こうにある複雑な現実、平均的なアメリカ人にとっては考えも及ばない複雑な現実に、アメリカが直接介入してゆくことを理解するために費やされた時間もまた、あまりにも少ない。このままだと「アメリカ」は、実際にはイスラーム地域のあらゆるところでいつも戦争あるいは一種の紛争を起こしている超大国であるのに、まるで「眠れる巨人」であるかのように思われてしまう危険がある。ウサマ・ビンラディンの名前と顔は、アメリカ人にとってお馴染みのものになった。そのせいで、彼や不明な点の多い彼の一味がこれまで紡いできた物語（たとえば、二〇年前アフガニスタンでソ連に対抗させるためにアメリカがけしかけたジハードでの有能な義勇兵だったという物語）(9)はすべて消し去られてしまった。つまり、彼らが、集団的な想像力にとって、忌まわしく憎らしいものすべてのシンボルになるまでの物語が消し去られてしまったのだ。したがって、集団的な熱狂が戦争への衝動に集中し、押し流されているのも必然の理だろう。この手の戦争への衝動は、現実に起こっている事態よりも、白鯨モービー・ディックを追うエイハブ船長に、薄気味悪いほどよく似ている。現実には帝国主義の大国が自国の中ではじめて傷つけられ、はっきりした境界線もなく目に見えるアクターもないまま、突如仕切り直された紛争の地理学の中で自らの利益を体系的に追求しているのだ。未来の結果やレトリカルな抑制はかなぐり捨てられ、マニ教的〔善悪二元論的〕なシンボルと黙示録的なシナリオが言いふらされている。

いま必要なのは、さらにドラムを叩いて戦意を高揚させることではなく、この状況を理性的に理解することだが、ジョージ・ブッシュと彼のチームが望んでいるのは明らかに前者であって後者ではない。しかし、イスラーム世界やアラブ世界のたいていの人々にとっては、公機関としてのアメリカ合衆国は横暴な権力の代名詞である。ムスリムやアラブ人にとっては周知のように、アメリカはイスラエルだけでなく、アラブの多くの抑圧的な体制も、勝手に気前よく支援しているのだから。そしてまた、周知のように、現実的な不満を抱いている非宗教的な運動や人々と対話する可能性に対して、まったく注意を払わないのだから。この文脈における反アメリカ主義は、著名な識者のトーマス・フリードマンがくり返し言っているような近代への憎悪やテクノロジーへの嫉みにもとづいているわけではない。具体的な干渉についての、ある特定の収奪についての物語にもとづいているのだ。イラクの人々はアメリカが強いている制裁の下で苦しんでおり、また、アメリカはイスラエルが三四年間もパレスチナの領土を占領し、残酷かつ非人道的な政策を無慈悲なまでに冷酷におこなうことを支持しているといった、具体的な事例についての物語なのだ。

まさにいまイスラエルは、アメリカの大惨事をシニカルに利用しながら、パレスチナ人に対する軍事占領と弾圧を強化している。九月十一日以来、イスラエル軍はジェニーンとジェリコに侵攻し、またガザ地区とラーマッラーとベイト・サッフールとベイト・ジャッラをくり返し爆撃して、多くの一般市民の死傷者と莫大な物的損壊をもたらした。これらすべてのことはもちろん、恥知らずにも、アメリカから供給された兵器によっておこなわれ、また「テロリズムと闘う」というういつもの嘘で偽善の決まり文句によって正当化されている。アメリカ内のイスラエル支持者らは、「われわれはいまやみなイスラエル人である」といったヒステリックな叫び声に訴えつつ、世界貿易センターおよびペンタゴンへの攻撃とパレスチナ人のイスラエルへの攻撃との関係を「世界テロ」という絶対的な結合にまでしてしまっている。そこでは、ビンラディンとアラファトとは相互に入れ替え可能な存在となっている。アメリカ人が今回の出来事の原因について考え直す契機になったかもしれなかったのに——多くのパレスチナ人、ムスリム、アラブ人らがずっと批判してきたことだ——それは結局シャロンにとってのプロパガンダ戦の大勝利に転じてしまった。パレスチナ人たちは、イスラエルによるきわめて卑劣で暴力的なかたちの占領に抵抗し、自らの身を守るための用意がないだけではない。民族解放のための奮闘が敵意でもって中傷されることに対してもまた無防備なのである。

アメリカにおける政治的なレトリックは、「テロリズム」とか「自由」といった言葉を投げ散らすことで、このような現実を圧倒している。その一方では、言うまでもなく、これらの大きな抽象概念の裏には、たいていはいやしい物質的な利害が潜んでいる。つまり、石油産業、国防、シオニスト圧力団体が、中東全体に対する支配を固め、日々新しい姿をとりつつあるが長い歴史をもつ宗教的な「イスラーム」への敵意（と無視）を強化しているのだ。この政治的レトリックでもっとも一般的なやり方は、いつもの専門家を使って、イスラームと暴力だったりアラブのテロリズムなどのあらゆることについて、テレビで解説をすること、物語を掲載して流すこと、フォーラムをもつことだ。この専門家たち（ジュディス・ミラーとか、フォアード・アジャミー、スティーヴン・エマーソンのような人々）は、文脈や現実の歴史を飛ばして一般的なことばかりを尊大に語りまき散らすのだ。どうして誰もキリスト教（またはユダヤ教でもいいのだが）と暴力についてのセミナーを開くことを考えないのかというのは、おそらくあまりに明らかで問うまでもない。

ここで思い起こすべき重要なことは（言及されることはまったくないのだが）、中国が石油消費量においてまもなくアメリカに追いつくということ、そしてそのためにアメリカがペルシャ湾とカスピ海の石油供給をより厳格に支配することがいっそう緊急の課題になってきたことである。したがって、アフガニスタンへの攻撃は、旧ソ連の中央アジアの共和国を舞台として使うことも含めて、アメリカにとっての戦略的な半径をペルシャ湾から北部の油田地帯までまとめて強化することを意味し、そうなれば将来誰かがそこに割り込んでくることをきわめて困難にするだろう。パキスタンに対する圧力が日々増しているのと同じように、多くの地域で不安定さと不穏さが九月十一日の出来事の帰結として生じるだろうことは確実である。

だが、知識人としての責任を取るためには、現実に対していっそう批判的な感覚をもつことが必要だ。むろん、これまでもテロはあった。近代の闘争運動は、ほとんどすべてがある段階ではテロに頼ってきた。これはマンデラのＡＮＣ〔アフリカ民族会議〕にもあてはまるし、シオニズムも含めた他のすべての運動にもあてはまることだ。しかも、無防備な市民をＦ16戦闘機と攻撃用ヘリコプターで爆撃することと、もっと伝統的なナショナリストのテロとは、同じ構造や効果をもっている。あらゆるテロがとりわけ問題となるのは、それが宗教的で政治的な抽象的な概念や、歴史と常識から逸れつづける還元的な神話と結びつけられるときである。そのときこそ、アメリカでも中東でも、非宗教的な意識が前面に出て、自覚できるようにすることが必要なのだ。いかなる大義も、いかなる神も、いかなる抽象的な理念も、無実の人間を大量に殺戮することは正当化できない。とりわけ、ほんの少数からなる集団がそうした行動を起こし、かつ自らが大義を代表する権限など実際にはないくせに代表していると感じるときには。

そのうえ、ムスリムのあいだで議論が続いていることだが、実際には単一のイスラームなどというものは存在しない。複数のイスラームがあるのであり、それは複数のアメリカがあるのと同じことだ。この多様性はあらゆる伝統や宗教や国家にあてはまるものであり、一部の信奉者たちがみずからの周囲に境界線を引き、みずからの信条を厳格に押しつけようとしても、それは空しい試みである。歴史というものは、デマゴーグたち（その支持者や対抗者たちが主張しているよりは、ずっと狭い範囲のものしか代表していない）が提示するようなものよりもずっと複雑であり、矛盾している。宗教的あるいは道徳的な原理主義者が問題なのは、殺す覚悟とか死ぬ覚悟を含めて、彼らがもっている革命や抵抗についてのプリミティヴな観念が、今日では、テクノロジーが洗練されたことや、自己満足と思える恐るべき象徴的な蛮行と、あまりにも容易に結びついてしまうことだ（ジョーゼフ・コンラッドは、一九〇七年に驚くべき洞察力によって、典型的なテロリストの人物像を描いている。『密偵』という小説の中でただ「教授」とだけ呼ばれている人物で、この男の唯一の関心事は、どんな状況下でも作動する起爆装置を完成させることだけなのだ。この男の手作り爆弾は貧しい少年によって爆発させられるのだが、少年はそれとは知らずに送り込まれて、グリニッジ天文台を「純粋科学」に対する攻撃として爆破するのである）。ニューヨークとワシントンの自爆者は、貧しい難民ではなく、教養ある中流階級だったように思われる。教育や大衆動員や地道な組織化に力を入れて運動を進めようとするような賢明な指導体制に恵まれぬため、貧困にあえぐ人々は、呪術的思考に追いやられ、宗教的なでまかせの衣に包んで提示されるてっとり早い流血の解決へと走るようになることが多いのだ。このことは、中東一般についてもいまだに当てはまるし、パレスチナについては特にそうなのだが、しかし世界じゅうで間違いなくもっとも宗教的な国家であるアメリカについても当てはまるのである。また、世俗の知識人階級がこれまで、分析とモデルを提示して多くの民衆の疑う余地のない苦しみを埋め合わせようとさらなる努力をしてこなかったことは、彼らの大きな失敗である。民衆は、グローバリズムと強固な軍国主義とによって悲惨で貧困な状態に置かれており、向こう見ずな暴力と、将来の救済についての曖昧な約束以外に頼るべきものが何もないのだ。

　他方で、合衆国が有しているような巨大な軍事的経済的な力が、知恵や倫理的なヴィジョンを保証するとは限らない。とりわけ、断固とした強圧さこそが美徳であると考えられ、自国だけは別だという例外を主張することが国家の運命なのだと思い込まれている場合にはそうなのだ。現在の危機では、懐疑精神を失わない人間的な声がさほど聞かれないままに、「アメリカ」はどこかよそで長い戦争をする準備を進めている。しかも、同盟国には、まったく不確かな根拠にもとづいて、曖昧な目的のために協力するよう圧力がかけられている。わたしたちは、「文明の衝突」と呼ばれる図式へと人々を分類する想像上の境界線から身を引き、そのような〔分類の〕「ラベル」について再検討を加えなければならない。利用できる資源は限られていることをもう一度よく考え、たがいに運命をなんとか分かちあうよう決意しなければならない。事実、それこそが、好戦的な主張や信条の存在にもかかわらず、諸文化がこれまでおおむね守ってきたことなのである。

　「イスラーム」と「西洋」の対立というのは、考えもなく従うには、不適切な旗印でしかない。もちろんそのもとに馳せ参ずる者もいるだろう。しかし、批判的なためらいもなく、不正義と抑圧の相互依存の歴史を見ることもなく、共に解放される道をさぐることも相互に啓発したりすることも求めないままに、未来の世代に対して戦争と苦しみを強いるのは、勝手すぎるように思える。「他者」を悪魔にするような手段を基本にしたのでは、まともな政策を展開することは望めない。ことに現在のように不正義と悲惨さの中に存在するテロの根源に手をうつことが可能であり、テロリストを孤立させ、抑止し、排除することが可能なときには、そのような手法は適当ではない。それには忍耐と教育が必要だろうが、それに投資するのは、大規模な暴力や苦しみをいっそう増大させることよりはやってみる価値のあることだ。だが、当面起こりそうなのは、ひじょうに大規模な破壊と苦難に向かっていくことである。アメリカの政策決定者はシニカルな確信をもって有権者らの懸念と不安を巧みに利用している。つまり、燃え上がった愛国主義と好戦的な戦争挑発に対して対抗キャンペーンを企てる者はほとんど誰もいないだろうという確信をもっているのだ。当面は愛国主義と主戦論によって、熟考と理解とそして常識までもがしばらくのあいだ遠ざけられることになるだろう。しかしながら、耳を傾ける意志のある人々——少なくともアメリカとヨーロッパと中東には数多くいる——に声を届け心を動かす可能性がある者は、できるだけ理性的に、そしてできるだけ忍耐強く、声を届けるべく努めなければならないのだ。

Collective passion. *Al-Ahram Weekly Online* 20–26 September 2001 Issue No. 552

反発と是正

九月十一日の大惨事とそれに対する猛烈な反発をムスリムとして体験してきた七〇〇万のアメリカ人（アラブ系はそのうちの二〇〇万にすぎない）には、つらく、とりわけ居心地のわるい時期が続いている。アラブ系やムスリムの中にもこの残虐行為の巻きぞえをくらった犠牲者は何人も出ているという事実に加え、ひとつの集団としての彼らに向けられたさまざまな形をとった憎悪がはっきりと感じられるからだ。ジョージ・W・ブッシュはただちにアメリカを神と同列に置いたらしく、この恐ろしい凶行をしでかした「皆さん」[10]――いまでは、「殺してもいいから捕まえろ」というお尋ね者だ――に対し宣戦を布告した。これが意味するのは、いまさら確認する必要もないだろうが、ウサマ・ビンラディンという、おおかたのアメリカ人にとってはイスラームの代名詞となっている神出鬼没の狂信的ムスリムが脚光をあびるようになったということである。

この謎めいた（昔は放蕩者だったといわれる）過激主義者について、テレビやラジオは保管してあった写真や履歴をほぼ間断なくたれ流している。同様に、アメリカの悲劇を「祝っている」ところを撮られたパレスチナ人の女性や子供たちの映像も、途切れることなくくり返されている。

有識者やキャスターたちは、イスラームに対する「われわれの」戦争について息つくまもなく語りつづけ、「ジハード」とか「テロ」といった言葉によって、国じゅうに広がっている無理からぬ恐怖と怒りに油をそそいでいる。憤激した市民により、すでに二人が（一人はシーク教徒だが）殺された。このような暴挙におよんだ人々は、国防副長官ポール・ウォルフォウィッツの発言などに助長されて、文字通りに「〔テロリストを支援する〕国々の息の根を止め」、われわれの敵に核をぶち込むというような発想に走ったのだろう。何百人というムスリムやアラブ系の商店主、学生、ヒジャーブ〔ヴェール〕をまとった女性たち、一般市民が、侮辱をあびせられる体験をしており、「おまえらの死は近い」という落書きや貼り紙がそこらじゅうに出現している。最大のアラブ系アメリカ人団体の理事長が今朝わたしに語ったところでは、彼のところには一時間に一〇通の割合で、侮辱や脅迫や身の毛もよだつような言葉による攻撃のメッセージがとどくそうだ。きのう発表されたギャラップ世論調査によれば、「すべてのアラブは、たとえアメリカ国民であっても、特別な身分証明書を携帯すべきである」という考えに、アメリカ人の四九パーセントが賛成している（四九パーセントは不賛成）。さらに、「すべてのアラブは、たとえアメリカ国民であっても、特別に設けられた厳重な保安検査を受ける」ことを要求する者は五八パーセントに及んでいる（四一パーセントは不要としている）。

その後、政府の強硬論は徐々に弱まってきた。ようやくジョージ・W〔ブッシュ〕にも、同盟国は自分ほど抑制を欠いているわけではないということがわかってきたからだ。また、全般的にもっと分別がありそうに見えるコリン・パウエルを筆頭に、大統領顧問の中の慎重派は、アフガニスタン侵攻はテキサスで民兵を派遣するように簡単なことではないと提言しているにちがいないし、ブッシュや閣僚たちが直面させられた現実は途方もなく混乱しており、善悪二元対立というこれまで彼が国民に訴えてきたような単純なマニ教的イメージは吹き飛んでしまった。そういうわけで、事態を収拾する方向で明らかな努力がはじまっている（といっても、アラブ系やムスリムに対する警察やＦＢＩのいやがらせの事例は、ひきつづき山のように報告されているのだが）。ブッシュはワシントンにあるモスクを訪問し、憎悪を煽るような演説は控えるようにと地域の有力者や議会に要請している。また少なくともレトリック上は、「われわれの」友人であるアラブやムスリム（ヨルダン、エジプト、サウジアラビアといった常連だ）といまだ正体の明かされない「テロリスト」のあいだに区別を設けるよう努めるようになった。上下両院の合同会議におけるスピーチで、ブッシュはたしかに合衆国はイスラームと戦争をしているのではないと言った。しかし、ムスリムやアラブや中近東人らしい風貌の者に対する攻撃が、具体的なものも表現上のものも含め、全国各地に広がっていることに対しては、残念ながらなんの言及もなかった。パウエルは、イスラエルとシャロンが今回の危機を利用してパレスチナ人の抑圧を強化していることに対し、あちらこちらで不快感を表明している。しかし、一般的な印象としては合衆国の政策はあいかわらず従来どおりの路線を踏襲しているようだ——ただ、現在は大規模な戦争が起こりつつあるらしいというだけのことだ。

おおやけの領域にアラブやイスラームについての肯定的な知識が存在するのであれば、それを頼みにして、極端にネガティブなイメージの横行に対し是正を図ることもできようが、そんなものはほとんど存在しない。貪欲で、執念深く、乱暴で、非理性的で、狂信的な人々というステレオタイプは結局いつまでもついて回るのだ。この国では、ひとつの主義主張としてのパレスチナは人々の想像力をとらえるにいたっていない。とりわけダーバン会議(11)の後ではその感がいちじるしい。わたしの所属する大学〔コロンビア大学〕は、知的な多様性ならびに学生やスタッフの人種・文化的背景の多様性によって有名であるが、それでもクルアーンが教育課目に組み込まれることはまれである。フィリップ・ヒッティによる『アラブの歴史(12)』は、この主題について英語で書かれた一巻ものの本としてはもっとも秀逸なものだが、絶版の状態である。現在、手に入る文献は、ほとんどが議論を前提とした論争的なものばかりだ。アラブとイスラームは論争の機会を提供するものであって、他のグループのように文化的および宗教的な主題にはならないというわけである。映画やテレビは、おそろしく見ばえの悪い、残忍な性根のアラブ人テロリストであふれかえっている。残念なことに、このような彼らのイメージは、世界貿易センターとペンタゴンを襲ったテロリストたちが飛行機をハイジャックして大量殺戮の道具に変えるという、宗教よりは犯罪病理学の臭いが強い事件が起こる前から、すでにそこにあったのである。

印刷媒体においては、「いまやわれわれはすべてイスラエル人だ」という題目を肝に銘じよというマイナーなキャンペーンがあるようだ。すなわち、パレスチナ人の自爆攻撃としてときどき起こることは、世界貿易センターやペンタゴンへの攻撃とまったく同質のものであるという主張である。もちろん、その過程でいつのまにか、パレスチナ人がこうむってきた土地収奪（dispossession）[13]や抑圧ということは記憶からあっさり抹消されるのである。同時にまた、わたし自身もふくめ多くのパレスチナ人が自爆攻撃を非難しているという事実も消し去られてしまう。これらの総合的な結果として、九月十一日の事件を、合衆国の行動やレトリックもふくめた全体の文脈の中に位置づけてみようという試みは、テロリストの攻撃に容赦を与えるものであるとして、ことごとく攻撃され、退けられるのである。

知的にも、道徳的にも、政治的にも、このような姿勢は破滅を招くものである。理解することと容赦を与えることを同一視するのは根本的に誤っており、真実からはほど遠い。大多数のアメリカ人にとって信じることがむつかしいのは、国家としてのアメリカ合衆国の中東やアラブ世界における行動——イスラエルに対する無条件の支持、イラクに対する経済封鎖によってサダム・フセインは見逃しながら、何十万もの罪のないイラク人を死や病気や栄養失調に追いやったこと、スーダン爆撃(14)、一九八二年のイスラエルによるレバノン侵略（二万人の市民が命を失い、サブラーとシャティーラの虐殺が起こった）に合衆国がゴーサインを出したこと、サウジアラビアや湾岸地域全般を合衆国の私領地であるかのように使い、抑圧的なアラブやイスラームの政権を援助してきたこと——が深い恨みを買っており、アメリカ国民の名においてなされたと見なされている（けっして見当ちがいではない）ということである。平均的なアメリカ市民が認識していることと、海外において（彼／彼女が意識していようがいまいが）推進されるしばしば不正で冷酷な政策とのあいだには、巨大なギャップがあるのだ。イスラエルの入植推進政策や民間人に対する爆撃などを糾弾する国連安保理決議に対し合衆国はことごとく拒否権を発動してきた。たしかにアイオワやネブラスカなどの住民にとっては、そんなものはたいした問題ではないとして軽くしりぞけることができるのだろうが、エジプトやパレスチナやレバノンの市民にとっては、はなはだしい屈辱であり、ひとつひとつ克明に記憶されているのだ。

換言すれば、具体的なアメリカの行動と、その結果としてのアメリカに対する態度のあいだには相克が成り立っているのであり、そこにはアメリカの繁栄、自由、世界で一人勝ちしていることなどへの嫉妬や憎悪などはほとんど関係していない。それどころか、わたしが話したことのあるアラブ人やムスリムたちは例外なく誰もが困惑を表明している――なぜ、アメリカのように並はずれて豊かでりっぱな国（そして、一人一人は非常に好感のもてるアメリカ人たち）が、国際関係においては弱小民族に対しこのように冷淡で忘れっぽいふるまいをするのだろうか？　またアラブ人やムスリムの多くは、イスラエル・ロビーが合衆国の政策に大きな影響力をもっていることや、『ニュー・リパブリック』や『コメンタリー』のようなイスラエル寄りの刊行物がひどい人種差別と痛烈な非難をあびせていることは十分に認識している。もちろん、チャールズ・クラウトハンマー、ウィリアム・サファイア、ジョージ・ウィル、ノーマン・ポドレッツ、A・M・ローゼンタールなどのような攻撃的なコラムニストが、定期的にアラブ人やムスリムに対する憎悪と敵意をあらわにしていることについては言うまでもない。しかも、これらは通常誰の目にもふれるようなメインストリームのメディアに堂々と掲載されているのであり（たとえば『ワシントン・ポスト』紙の社説欄）、売れない出版物の隅に埋もれているわけではない。

というわけで、わたしたちは一触即発の不穏な空気と重い気苦労のもとに日々を過ごしており、今後に予想されるいっそうの暴力とテロリズムの激化が意識に重くのしかかっている。とくに、九月十一日の悲惨な事件がいまだ人々の意識になまなましく残っているニューヨークとワシントンでは、そういう空気は強い。わたしはたしかにそれを感じるし、まわりの者たちもみなそうである。

しかし一般メディアのひどい報道にもかかわらず、現状に異を唱える声がゆっくりと表面化してきたことは心強い。平和的な解決や行動を求める請願が提出されており、爆撃や破壊をこのうえさらに重ねるのではなく別の解決方法を探してみようという相対的には小さな声が、まだ断片的ではあるものの次第に広がっている。ようやく表面化してきたこの種の思慮深さには、おどろくべきものがあると思われる。まず第一に、政府が要求している（そして実際に獲得しつつあるように思われる）権限は、市民的自由と個人のプライバシーの後退につながるのではないかという懸念が大きな広がりを見せていることが注目される。電話の盗聴、テロリズムの嫌疑にもとづく中東系の人々の逮捕や拘留、さらには人々のあいだに警戒や猜疑を誘発し、一定方向の支持を煽るような権限を政府に許せば、マッカーシズムに似たパラノイアに発展する可能性があるからだ。読み取り方によっては、どこにでも国旗を掲げたがるアメリカ人の習癖はもちろん愛国的なものと考えられる。しかし愛国心は、不寛容、〔特定集団への〕憎悪にもとづく犯罪、その他ありとあらゆる不快な集団的熱狂へとつながる可能性があることも否定できない。多くの解説者がこれについて警告しており、上述のように、ブッシュ大統領でさえも演説の中で「われわれ」はイスラームあるいはムスリムと戦っているのではないと言明している。だが、危険はそこにあり、うれしいことに、そのことは他の解説者たちによっても正しく指摘されている。

第二に、軍事行動という大きな問題をめぐって多くの意見が寄せられ、多くの集会が開かれていることも指摘しておきたい。最近の世論調査によれば、アメリカ人の九二パーセントが軍事行動を支持しているらしい。しかし、この戦争の目的が何であるのかを政府が正確に規定しておらず（「テロリズムを根絶する」というのは、現実というより抽象的スローガンである）、その手段も、計画も明らかにしていないため、われわれが軍事的にどこへ向かっているのかということについてはぼんやりしたままである。とはいえ、全般的に、レトリックのうえでは黙示録的なところや宗教的なところが薄れ（十字軍という観念はほぼ完全に抹消された）、「犠牲」とか「比類のない長期戦」などという一般的な言辞の先にある、実際に何が必要になるのかということに主眼が置かれるようになってきた。大学やカレッジや教会や集会所では、この国がどのような対応をとるべきかということをめぐって活発な議論が重ねられている。まきぞえになった犠牲者の家族が、軍事行動による復讐が適切な対応であるとは思わないという意見を公衆に向けて述べたとも伝えられている。重要なのは、合衆国がとるべき行動について一般的にかなりの反省がなされていることである。だが、残念ながら、中東やイスラーム世界における合衆国の政策について批判的な検証がなされるまでには至っていないことも報告せねばならない。いずれそのときが来ることをわたしは願っている。

せめてもう少し多くのアメリカ人、またそれ以外の人々が理解してくれたらと思うのは、この良心と相互理解の共同体こそが、長い目で見て、この世界の希望がおもに宿るところだということである。また、憲法上の権利の擁護においても、アメリカの支配力の犠牲になっている罪のない人々（たとえばイラク）に手をさし伸べることにおいても、理解と合理的な分析に依拠することにおいても、「われわれ」にはまだまだずっとよい仕事ができるはずだということも、もっと多くの人々に理解してもらいたいものだ。もちろんそれが直接に、パレスチナに対する政策の変化をもたらすわけではないだろうし、防衛予算の偏りが是正されるわけでも、環境やエネルギー問題への取り組みの姿勢が賢明なものになるわけでもないだろう。しかし、この種のまっとうな方法による行き過ぎの是正をさしおいて、他のどこに希望をつなぐ余地があるというのか？　こうした方向の支持層は合衆国においては増加するであろう。しかし、ひとりのパレスチナ人としては、アラブやムスリム世界においても類似の層が育ってくれることをわたしは願わずにおれない。わたしたちは、貧困、無知、文盲、抑圧がわたしたちの社会にはびこるようになったことに対する自分たちの責任について考えはじめなければならない。わたしたちはシオニズムや帝国主義について不満をとなえているにもかかわらず、このような弊害が自分たちの社会に根をはることを許してきたのだ。たとえば、わたしたちの中の何人が、宗教とは無関係な政治[15]を率直に公然と擁護し、イスラエルや西欧におけるユダヤ教やキリスト教の世論操作を非難するときと同様の真摯で徹底した非難を、イスラーム世界における宗教の利用に対してぶつけてきただろうか？たとえわたしたちが植民地入植者に略奪され非人道的な集団懲罰[16]を受けているとしても、わたしたちの中の何人が、自爆作戦はすべて不道徳であり間違っていると非難したであろうか？ わたしたちはもうこれ以上、自分たちになされた不正義を盾にとってその裏に隠れていることはできないし、わたしたちの評判の悪い指導者たちをアメリカが支援しているからといって消極的にそれを嘆いてばかりいることはできない。新しい非宗教的なアラブの政治を今こそ世に知らしめねばならないが、それに際して一瞬なりとも、無差別な殺戮をいとわぬような人々の戦闘行為（狂気の沙汰である）を容赦したり支持したりするようなことがあってはならない。この点においては、これ以上曖昧さを許す余地はいささかもない。

今日、アラブとしてのわたしたちのおもな武器は軍事的なものではなく道義的なものであると、わたしは長年にわたりくり返してきた。また、イスラエルの圧制をくつがえし自治を獲得しようとするパレスチナ人の闘争が、南アフリカにおける反アパルトヘイト闘争のように世界の人々の想像力に訴えることができない理由のひとつは、わたしたちが自分たちの目標や手段をはっきり自覚しているとは思われず、自分たちの目的とするところは他者の排除でもなければ牧歌的な神話の世界への回帰でもなく、「共生」であるということを十分にはっきりと表明してこなかったためであると述べてきた。わたしたちは今こそ率直になり、多くのアメリカ人やヨーロッパ人がおこなっているように、自分たち自身の政策について検討し、さらに検討を重ね、熟考することにただちに取りかからねばならない。自分たちに期待することが、他者に期待することと以下であってはならない。わたしたちの指導者がどこへわたしたちを導こうとしているのか、またいかなる理由にもとづいてそうするのかを、すべての人々に立ち止まって考えてもらいたいものだ。懐疑的態度や再評価は必需品であって、ぜいたく品ではないのだ。

Backlash and backtrack. *Al-Ahram Weekly Online*, 27 Sep.–3 Oct. 2001 Issue No. 553

無知の衝突

『フォーリン・アフェアーズ』誌一九九三年夏の号に掲載されたサミュエル・ハンティントンの論文「文明の衝突か？」は、発表されるとすぐに意外なほどの注目を集め、大きな反響を呼んだ。この論文の趣旨は冷戦後の国際政治における「新しい段階」についての独自の理論をアメリカ人に提供することだったため、ハンティントンの議論に使われた用語は思わずひき込まれるほどスケールが大きく、大胆かつ空想的とさえ思われた。彼はライバルとおぼしき政策立案畑の他の論客たちを明らかにマークしていた。「歴史の終焉」理論を提唱したフランシス・フクヤマのような理論家や、グローバリズム、トライバリズム（同族至上主義）、国家の消失などといった現象の始まりを世に喧伝した一群の人々である。ハンティントンに言わせれば、こうした人々はこの新しい時代について一部の側面のみを理解していたにすぎない。これに対し、「今後の世界政治のあり方」の「鍵をにぎる、まさに中心的な特徴」を明らかにしようというのがハンティントンの狙いだった。よどみなく、彼は次のような議論を展開する。

この新しい世界における紛争の根源となるのはイデオロギー的なものでも経済的なものでもない、というのがわたしの仮説である。人類を大きく分断し、対立の主要な根源となるのは、文化の相違である。国民国家はひきつづき国際政治におけるもっとも強力な行動主体にとどまるであろうが、世界政治における主要な対立は異なる文明圏に属する民族や集団のあいだにもちあがることになるだろう。文明の衝突が世界の政治を動かすことになる。文明圏のあいだに走る断層が、今後の紛争の最前線となるだろう。（二二頁）

これに続く議論の大半は、ハンティントンが「文明のアイデンティティ」とか「七つか八つ（原文のまま）の主要文明のあいだの相互作用」とか呼ぶ曖昧な概念に依拠している。なかでも彼が最大の関心を寄せているのが、イスラームと西洋という二つの文明の対立である。このきわめて好戦的な理論の中で彼が大きく依存しているのは、オリエンタリスト（東洋学者）の大御所バーナード・ルイスの一九九〇年の論文[17]であるが、「ムスリムの怒りの根源」というその表題をみれば、この著者の思想的な色合いは明らかであろう。どちらの論文においても、「西洋」と「イスラーム」と呼ばれる途方もなく大きな存在が、大胆きわまりない断定によって擬人化されている。アイデンティティとか文化といった高度に複雑な問題が、まるで漫画の世界に存在するかのように扱われ、容赦なく殴り合いを続けるポパイとブルートーのように、一方がつねに相手方よりも徳が高くつねに優位にある、というようなかたちで描かれている。明らかに、ハンティントンもルイスも、それぞれの文明が内部にかかえるダイナミズムや多元性については十分な時間を割いていない。また、ほとんどの現代文化における論争の中心が、それぞれの文化についての定義ないし解釈にかかわるものであるという事実、あるいはまた、ある宗教や社会の全体を代弁しようなどというおこがましい行為にはデマゴギーとまったくの無知が大きくかかわっているのではないかという、あまり面白くない可能性についても、十分に目を向けているとは思えない。そんなことにはおかまいなく、西洋は西洋、イスラームはイスラームだというわけだ。西洋の政策立案者の課題は、西洋の勢力が着実に拡大し、すべての他の勢力、とくにイスラームの攻勢をかわすことのできるような手段を講じることである、などとハンティントンは主張する。

それにもまして問題なのは、ハンティントンが、通常のしがらみや隠れた忠誠などのいっさいから離れた孤高の位置から世界全体を見わたすという自分の視点こそが正しいのだと決めてかかり、他の者たちはみな自分がすでに発見した答えを求めてちょこまか走り回っているのだといわんばかりの態度をとっていることだ。たしかに、ハンティントンはイデオローグである。彼は、「文明」や「アイデンティティ」をなにか別のものにつくり変えようとしているからだ——人間の歴史に活力を与えてきた無数の潮流ならびに奔流をいっさい取り除いたうえで、それらを閉鎖し、封印することによって。しかし、これらの潮流のせめぎ合いがあったればこそ、何世紀にもわたる人間の歴史が、宗教や帝国のための征服戦争を含むばかりでなく、同時にまた相互の交流や異種交配や共有の歴史でもある、ということが可能になってきたのである。はるかに目に見えにくい後者のような歴史は、これが現実であると「文明の衝突」が主張するばかげて圧縮され刈り込まれた軍事行動を効果的に示すために、さっさと切り捨てられている。一九九六年に同じ表題で単行本を出版したときにはハンティントンももう少しは緻密な議論をこころみ、そしておそろしく大量の脚注を新たにつけ加えている。だが残念ながら、これらの努力も結果的に本人を混乱させただけにとどまり、彼の書き手としての不器用さ、思想家としてのキレの悪さをさらけだす結果になった。西洋とそれ以外の世界の対峙という基本パラダイム（冷戦時代の対立のリニューアルだ）には、まったく修正が加えられなかった。そして、この枠組こそが、九月十一日の惨事が起こって以降の議論に（狡猾に、暗黙の前提というかたちをとることが多いが）しつこくつきまとっているものである。

ひとにぎりの狂った過激分子が病的な動機にもとづいて周到に計画したこのおそるべき自爆攻撃と大量殺戮は、ハンティントンの主張の正しさを裏づけるものへとつくり変えられてしまった。この事件を、そのありのままの姿――少数の狂信者が犯罪的な意図で、ばかな計画を思いついた――で見ようとする代わりに、前パキスタン首相ベナジール・ブットからイタリア首相シルヴィオ・ベルルスコーニにいたる国際的名士たちは、イスラームの難点についてえらそうに講釈をたれる。ベルルスコーニに至っては、ハンティントンの考えを借用して西洋の優越性を説き、「われわれ」にはモーツァルトやミケランジェロがいるのに彼らにはそういうものが欠落しているというようなことを大げさに言い散らしている（ベルルスコーニはその後、「イスラーム」を侮辱したことに対し口先だけの謝罪をしている）。

なぜそうする代わりに、破壊力においては見劣りがしたとはいえ、ブランチ・ダヴィディアンやガイアナのジム・ジョーンズ師(18)の弟子たちや日本のオウム真理教のようなカルトとの比較においてウサマ・ビンラディンの一派をとらえてみようとはしないのだろうか。ふだんはもっと冷静な英国の『エコノミスト』誌でさえも、九月二十二～二十八日号では壮大な一般論に手をのばしたいという誘惑に逆らいきれず、イスラームについてのハンティントンの「手きびしく大胆だが、それにもかかわらず鋭い」所見に途方もない賞賛を与えている。場ちがいにおごそかな調子で同誌が伝えるところでは、ハンティントンは「今日、世界中で一〇億人にも達するムスリムたちは、みずからの文化の優越性を確信しているが、その一方で、支配力においては劣勢におかれているという考えにとりつかれている」と述べている。いったい彼は、多様なムスリム集団のそれぞれについてきちんと検証したうえで――たとえば、一〇〇人のインドネシア人、二〇〇人のモロッコ人、五〇〇人のエジプト人、五〇人のボスニア人について調査したうえで――このような主張をしているのだろうか。たとえそのような手順をふんでいたとしても、それはいったいどんな種類のサンプルにもとづいているのだろう。

欧米のめぼしい新聞や雑誌はどれをとってみても、この巨大化した終末論的な語彙をさらに増強するような論説であふれている。それらの言葉の使い方ひとつひとつが、読者を啓発するというよりも、「西洋」の一員としての義憤に火をつけ、何をすべきかをたきつけるだけの意図に満ちている。チャーチル流のレトリックを不当に借用した者たちが、憎悪をもって略奪と破壊を企てる敵に対する西洋（とりわけアメリカ）の戦争における戦士をかってに名乗っているのだ。そのように単純化された見方をくつがえすような複雑な歴史には、ほとんど注意が払われない。だが、そのような歴史こそが、ひとつの領土からにじみ出してよその領土へ浸透し、わたしたち全員を対立する陣営にふりわけるとされる想像上の境界線を無意味なものにしてしまうのである。

イスラームと西洋というような無益なラベル（標識）の問題点は、ここにある。現実はそもそも無秩序なものであり、そんなにかんたんに整理棚に仕分けしたり、しばりつけておいたりできるようなものではないのだが、そこになんとか筋道を見出そうとする人間の精神につけこんで、このようなラベルは人々を誤った方向に導き、混乱させるのである。ここで思い出されるのは、一九九四年にパレスチナの西岸地区の大学で講義をしたときのエピソードである。講義が終了すると、聴衆の中から一人の男がたちあがり、彼の信奉する厳格なイスラーム思想に照らして、わたしの考えが「西洋的」であると非難しはじめた。「では、なぜあなたは背広を着てネクタイを締めているのですか？」という反論が、まっさきに心に浮かんだ。「それだって、西洋のものでしょう？」とわたしが切り返すと、男はバツの悪そうな微笑を浮かべて腰をおろした。九月十一日の事件を起こしたテロリストについての情報が流れはじめたとき、わたしの心に浮かんだのはこの出来事だった。世界貿易センターやペンタゴンや乗っ取った飛行機に対して凶悪な殺戮を実行するためには技術的な知識が必要であったが、テロリストたちはいかにしてそのような知識を習得したというのだろう。「西洋」のテクノロジーと（ベルルスコーニが宣言するところでは）「近代」に仲間入りすることの不可能な「イスラーム」とのあいだのどこに境界線を引くというのだ？

もちろん、そんなことは容易にはできない。ラベル付けや、一般化や、文化的な断定は、結局のところ何と無力なものだろう。あるレベルにおいては、たとえば原始的な情念と高度なノウハウが一点に集束することにより、強固に守られた境界線の虚構性があばき立てられるということも起こってくるのだ。そのような境界線には、「西洋」と「イスラーム」のあいだに引かれたものだけでなく、過去と現在、「われわれ」と「彼ら」のあいだの境界も含まれるのである。「アイデンティティ」と「ナショナリティ」という、果てしのない意見の相違と論争のまとになってきた概念のあいだの線引きについては、言うまでもなかろう。一方的な決定により砂の上に境界線を引き、それにもとづいて「敵方」に十字軍をしかけ、「彼ら」の悪に「われわれ」の善を対置させ、テロリズムを根絶し、（ポール・ウォルフォウィッツ国防副長官のニヒリスティックないいぐさを借りれば）ネイションというものに終止符を打とうとしても、結局のところはそうした線引きによって想定される存在物が少しでも見えやすくなるわけではない。むしろ、それによって明らかにされるのは、現実においてわたしたちが直面するもの――「われわれ」も「彼ら」も含めたところの数知れぬ人間存在の相互の絡み合い――について思案し、吟味し、整理することに比べて、集団的な熱狂を煽りたてるために戦闘的な声明を発することがいかにお手軽なやり方かということだけである。

一九九九年一月から三月にかけて、パキスタンでもっとも評価の高い週刊誌『ドーン』Dawnに連載された三本の注目すべき論文の中で、故イクバール・アフマド[19]は、ムスリムの読者に向けて、宗教的右派の根源と名づけたものを分析している。絶対論者や狂信的な暴君は、個人の行動を規制しようという考えにあまりにも強くとりつかれているため、「イスラームの秩序からヒューマニズムも美学も知的探求も宗教的帰依もことごとく取り払ってしまい、たんなる刑法へと矮小化されたもの」を推進するようになり、イスラームの教えを台なしにしていると、彼はこっぴどく非難している。アフマドによれば、ここから必然的に「宗教の中の、ある一つの、それもたいていは前後の文脈から切り離された一側面だけをとりだして絶対化し、ほかの部分はまったく無視するということが起こってくる。そのような現象は、それが展開するところでは必ず、宗教をゆがめ、伝統をいやしめ、政治手続きを歪曲させる」。そのような伝統価値の失墜についての時宜をえた好例として、アフマドは「ジハード」という言葉をとりあげている。まず、この言葉の含蓄に富み複雑で多元的な意味を紹介したうえで、彼は、もっぱら「敵と定めたものに対する無差別の戦い」のみにこの言葉の意味を限定するような現在の語法を批判する。このような用法に従っていたのでは「イスラームの宗教や社会や文化や歴史や政治を、ムスリムたちが太古の昔から実生活で体験してきたものとして理解する」ことは不可能だと彼は主張する。現代のイスラーム主義者たちは、「魂ではなく権力にばかり関心を寄せてきた。政治的な目的を実現するために人々を動員することにばかりかまけていて、困難や理想をみなで分かち合い和らげることには興味がない。彼らが追求するのは、きわめて限定的で時間にしばられた政治課題である」というのが、アフマドの結論だ。事態を一段と悪くしているのは、同じような歪曲と狂信が、「ユダヤ教」や「キリスト教」の世界の言説においても起きることである。

文明的なロンドンと「闇の奥」the heart of darkness[20]のあいだの区別が、極限状態においてはまたたくまに崩壊するということ、そしてヨーロッパ文明の絶頂といえども、何の予行も過渡期間もおかずに、一足とびに野蛮な風習のきわみへと反転しうるのだということを、コンラッドは、十九世紀の終わりにおける彼の読者には想像もできなかったような強烈さで理解していた。彼はまた、一九〇七年の小説『密偵』で、テロリストの最終的な道徳的退廃を描くと同時に、「純粋科学」などというような抽象概念（「イスラーム」や「西洋」という概念も、その延長上にある）とテロリズムの親近性も描きだしている。

なぜそのようなことが起こるのかというと、表面的には交戦中と映る諸文明のあいだには、わたしたちの多くが思いこみたがっているよりずっと緊密な関係が存在しているからである。フロイトやニーチェが明らかにしたように、慎重に維持され、警備されているとさえいえる境界線をまたいで、しばしばそら恐ろしいほど簡単に交流がおこなわれているからなのだ。しかし、このような流動的な観念は、わたしたちが拠りどころとしている認識に大きな懐疑を投げかけ多義性でつつみ込むものであるため、現在わたしたちが直面しているような状況に際しては、それに対処するための適切で実際的なガイドラインはほとんど与えてくれない。そこで登場したのが、ハンティントンの説くイスラームと西洋の対立という構図からひき出された、いかにも安心できそうな戦闘配置（十字軍、善と悪、自由と恐怖、等々）である。九月十一日の事件が起こった直後の数日、政府の言説にはハンティントンから引いた語彙があふれていた。その後、時間が経つにつれ、そのような言説には顕著なトーンダウンがみられる。しかし、イスラームに対する敵対的な言動はいっこうに収まっておらず、またアラブ人やムスリムやインド系の人々に対し国じゅうのいたるところで警察が目を光らせているというような報道から察するに、そのような認識の枠組はいまも居座っているようだ。

そのようなパラダイムがしつこく存続する理由としてつけ加えられるのは、欧米のいたるところでムスリムの存在が目立つようになってきたことである。今日のフランス、イタリア、ドイツ、スペイン、イギリス、アメリカ、さらにはスウェーデンもふくめ、これらの国々の住民構成について考えてみられるがよい。イスラームがもはや西洋の周辺に位置する存在ではなく、まさにその中心に存在するようになっていることは否定できないであろう。だが、彼らの存在のいったい何がそんなに脅威を与えるというのだろう？　集団的文化の中に埋もれている記憶は、七世紀に始まったアラブ・イスラーム勢力による第一次の大征服という歴史である。ベルギーのすぐれた歴史家アンリ・ピレンヌが画期的な研究書『ムハンマドとシャルルマーニュ』（一九三九年）[21]の中で述べているように、このイスラーム勢力の拡大によって古典古代期の地中海世界の秩序は決定的に粉砕され、キリスト教＝ローマ帝国の統合は崩壊し、それに代わって北方勢力（フランスのカロリング朝を含むゲルマン諸族）が優位に立つ新しい文明が勃興した。この新文明の使命は、歴史的・文化的な敵対者に対する「西洋」の防衛という役割をひき継ぐことであった、とピレンヌは主張しているようだ。残念ながら、ここでピレンヌが割愛しているのは、この新しい防衛ラインの形成にあたって、西洋はイスラームのヒューマニズム、科学、哲学、社会学、歴史学に多大なものを負っていたという事実である。このときまでには、シャルルマーニュの世界と古典古代のあいだの橋渡しとして、イスラームはすでに西洋世界に深く介入していたのである。イスラームがそもそものはじまりから西洋の内部の存在であることは、ムハンマドを目の敵にしていたダンテでさえ認めざるをえず、この預言者は「地獄篇」〔『神曲』の第一部〕の中心にすえられている。

それに加えて、しつこく尾をひいている一神教そのものの遺産、すなわちルイ・マシニョン[22]が「アブラハムの宗教」〔ユダヤ教、キリスト教、イスラーム教〕と適切な呼称を与えたものの遺産である。ユダヤ教とキリスト教に始まって、それぞれがみずからに先行するものを色濃く継承してきた。ムスリムにとっては、イスラームこそが一連の預言を成就し、結末をもたらすものである。神々の中でももっとも嫉妬ぶかいこの神を信奉するこれらの三派（どのひとつをとってみてもけっして一枚岩のように結束した陣営ではない）のあいだの多面的な抗争については、いまだに満足のいくような歴史も書かれておらず、脱神話化する解明もなされていないのが現状だ。近代になってパレスチナという土地に収斂されてきた血みどろの抗争が、三者のあいだの悲惨なまでの妥協不能性についての豊かな世俗的事例を提供しているというのに。そういうわけで、ムスリムとキリスト教徒がためらいもなく——どちらも、ユダヤ教の存在を平気で無視して——「十字軍」や「ジハード」などという言葉を口にするのも、べつだん驚くにはあたらない。このような議題は、「伝統と近代性という危険な淵に挟まれて、浅瀬の中途で立ち往生してしまった男や女にとって、とても心強いのだ」とイクバール・アフマドは言う。

けれども、わたしたちは誰もがこの危険な淵で泳いでいる。その点においては西洋人もムスリムも他の者たちもみな同列だ。これらの深みも歴史という大海につらなっているのであり、そこに畝をつけ、柵を立てて分割しようとしても、それは無駄というものである。時局は緊張しているが、わたしたちはあくまでも、有力な共同体と無力な共同体、理性と無知のあいだの宗教とは無縁のかけひき、正義と不正という普遍的な原則などを思考の軸にすえなければならない。広漠とした抽象論に走っても、つかのまの充足が得られるだけで、自己認識にいたることや事情をふまえた分析をおこなうことは望むべくもないのだから。「文明の衝突」理論は、「宇宙戦争[23]」というのと同じようなイカサマの新機軸にすぎない。自己防衛的になった自尊心を補強するには役に立っても、現代の困惑するような相互依存の現実を批判的に理解するためには使いものにならない。

Adrift in similarity. *Al-Ahram Weekly Online*, 11-17 October 2001 Issue No. 555

「不朽の自由」作戦と名づけられた合衆国の高高度爆撃戦略でアフガニスタンに砲弾とミサイルが降りそそいでいるなか、パレスチナ問題は、それよりずっと切迫した中央アジアのこの事態とはあまり関係がないと思われるかもしれない。しかし、そのように考えるのは誤りである——たんに、ウサマ・ビンラディンの一派（その正確な人数は、理論上のものも実質的なものも把握できない）が自分たちの不届きなテロ作戦のレトリックにパレスチナを取り込もうとしているからというだけではない。イスラエルも、イスラエルなりの狙いがあって、同じことをしているからである。十月十七日、イスラエル閣僚〔観光相〕ラハヴァン・ゼエヴィが、ＰＦＬＰ（パレスチナ解放人民戦線）によって殺害された。これは同派のトップが八月に暗殺されたことに対する報復であったが(24)、パレスチナ自治政府をイスラエルにとってのビンラディンであるとみなすシャロン将軍の持続的な攻撃は、これによって新たな、なかばヒステリックな段階に到達した。イスラエルは過去数カ月にわたってパレスチナ側の幹部や闘争活動家たちの暗殺を重ねてきており（これまでに六〇人以上が犠牲になっている）、このような非合法な手段をとれば遅かれ早かれパレスチナ側からの同じような報復を誘発することになるだろうとは当然予想されたはずである。だが、ある一連の殺害は許容されるのに、他の殺害はそうでないとされるのはなぜかという問いには、イスラエルもその支援者も答えることができない。そういうことで衝突は続き、イスラエルの占領支配はいっそう殺意に満ちた破壊的なものになり、民間人に甚大な被害を与えている。十月の十八日から二十一日のあいだに、六つのパレスチナ人の町がイスラエル軍によってふたたび占領され、パレスチナ人活動家がまた五人暗殺された。加えて、二一人の民間人が殺され一六〇人が負傷した。いたるところで外出禁止令が出されている。これらはみな、アフガニスタンとテロリズムに対する合衆国の戦争と同等のものだと、イスラエルはぬけぬけと主張している。

そういうわけで、五三年間にわたって故郷を追放され（dispossessed）、三四年間にわたって軍事占領下におかれてきた民族の、達成をはばまれ出口のない状態にはまりこんでいた権利回復の要求は、いまや闘争の主戦場を決定的に逸脱してしまい、いやおうなしに世界的なテロ撲滅戦争にあらゆるかたちで結びつけられてしまったのだ。イスラエルとその支援者たちは合衆国が自分たちを裏切るかもしれないと懸念しており、イスラエルはこの「新しい戦争」の焦点ではないという矛盾した抗議をこの間ずっと続けている。ビンラディンをイスラームやアラブとは切り離しておこうとする政治指導者たちの努力にもかかわらず、たいていのパレスチナ人やアラブ人やムスリムたちは、おおやけの領域で自分たちに貼られた関連づけに、不安になるか、あるいは徐々に罪悪感をもつようになっている。所詮、こうした政治指導者たちにしたところで、自分たちの不信感の象徴的な対象としてパレスチナを語ることに変わりはないのだ。

とはいえワシントンの政府内部では、パレスチナ人の民族自決は重要問題であり、おそらくは中心課題でさえあるという認識を、ジョージ・ブッシュとコリン・パウエルが一度ならず明白に表明している。戦争による社会の動揺、そのはかり知れぬ広がりと併発症（サウジアラビアやエジプトのようなところでは、まだ顕在化していないとはいえ、その影響はドラマティックなものになるだろう）は、中東全体に目をみはるような興奮状態をもたらしている。そのため、七〇〇万にのぼる無国籍のパレスチナ人の地位をほんとうの意味で好転させることの重要性が増大してきたのである――たとえ今のところは、現状の行きづまりを物語る数多くの気のめいるような事象があることは覆うべくもないにせよ。ここで注目される問題は、合衆国および両陣営が、今度もまたその場しのぎの方策（さんざんな結果を招いたあのオスロ合意をもたらしたような）だけに訴えようとしているのかどうかである。

アル・アクサ・インティファーダを目の当たりにして、アラブ人やムスリムのあいだには無力感と焦燥感がいまだかつてなかったような深刻さで行きわたっている。イスラエルによる集団懲罰によってパレスチナ人が味わっている打ちのめされるような苦痛や屈辱は、欧米のメディアからは少しも伝わってこない。だが、〔中東カタールの〕衛星テレビ局アルジャジーラが毎晩のように放送しているように、またイスラエル人ジャーナリスト、アミーラ・ハスや彼女と同じような評論家が〔イスラエルの日刊紙〕『ハアレツ』紙に毎日書いている賞賛すべき記事にあるとおり、イスラエルはパレスチナ人の家屋をなぎ倒し、パレスチナ人の居住区域を侵略し、空爆と殺戮を重ねているのである。一方、アラブ人のあいだでは、パレスチナ人たちは〔その延長上で他のアラブ人たちも〕みずからの指導者たちによって名誉を傷つけられ、救いがたく誤った方向に導かれている、という認識が広く行きわたっているように思われる。こぎれいな身なりの交渉代表たちが宣言を発表するぜいたくな環境と、ナーブルスやジェニーンやヘブロンなどの〔西岸地区の〕町の〕ほこりまみれの地獄のような街頭とのあいだには、底知れぬ深淵が横たわっている。教育は不十分であり、失業や貧困の比率は警戒水域にまで上昇している。イスラーム過激主義の台頭に対しても、政権中枢の目にあまる腐敗ぶりに対しても、いっこうに抑止策が打てない、あるいは打つ気のない政府のもとで、懸念と心細さがそこらじゅうに充満している。とりわけ問題なのは、人権侵害に抗議し、聖職者[25]による専横と戦い、近代的で民主的なアラブの新秩序を代表して発言・行動する勇敢な政教分離主義者たちが、孤立無援の戦いを強いられていることである。公認文化の後押しが得られず、彼らの著作や業績は高まるイスラームの猛威をなだめる供物とされることさえある。凡庸と無能という巨大な暗雲がみなの頭上に垂れ込めており、そのことが今度は、人々を魔術的な思考に走らせ、死のカルトが前例のないほど流行するという事態をもたらしているのだ。

自爆攻撃については、落胆と絶望の結果とするか、あるいは錯乱した熱狂的宗教家の犯罪病理に帰すべきかのどちらかだ、という議論が多いようだ。だが、これは説明として不十分である。ニューヨークとワシントンを襲った自爆テロの実行犯はいずれも中産階級出身者である。文字も読めぬような貧民たちとは大違いで、彼らは近代的な計画を立て、大胆かつぞっとするほど計算しつくされた破壊行為を完璧に実行する能力を備えていた。ハマス[26]やイスラーム聖戦機構[27]によって送りだされる若者たちは、目的を（他のことはどうあれ）はっきりさせてくれるというだけで、命ぜられるままに何でも実行するのだ。ほんとうの元凶は初等教育にある――悲惨なほど断片的で、つぎはぎだらけのクルアーンからの引用、五〇年前に書かれた古めかしい教科書をもとにした丸暗記の演習、絶望的に大人数をつめこんだクラス、嘆かわしいほど資格のそなわっていない教師たち、批判的な思考のほぼ完全な欠如。規模だけが膨れ上がったアラブ諸国の軍隊（どれをとってみても、使いものにもならぬ軍事設備が重荷となっており、これといった実績を記録したことはいまだかつてない）ともあいまって、この時代遅れの教育機構が生み出したものは、論理や倫理観や人命評価の奇怪な破綻であり、それが導くところは最悪のたぐいの宗教的熱狂への飛翔か、さもなくば卑屈な権力崇拝である。

似たような展望と論理の破産は、イスラエル側でも起きている。三四年にもわたるイスラエルの占領の維持と防御が、いかにして道徳的に容認され、正当化さえ可能なものとみなされるようになってきたのかということには、かなり心穏やかではいられないものがある。イスラエルの「和平派」知識人でさえ、パレスチナ側には和平派が存在しないという前提に固くとらわれている。占領支配下の人々には、対話者の有無を判断するなどという占領者側のようなぜいたくを言っている余裕はないということを、彼らは忘れているのだ。いつのまにか軍事占領は容認しうる既成事実とみなされるようになり、ほとんど言及されることがなくなった。パレスチナ人のテロリズムが暴力行使の原因なのであって、その結果ではない、ということになったのだ。一方は近代的な軍備（合衆国が無条件で供給している）を備えているのに対し、他方は国家もなく、ほとんど防衛手段をもたず、気のむくままに野蛮な迫害を受け、一六〇に分断された小区画につめこまれ、学校は閉鎖され、生活もできないような状態にされているという事実にもかかわらずである。なかでも最悪なのは、毎日のようにくり返されるパレスチナ人の殺傷に併行して、パレスチナ人の土地の随所に点在するイスラエル入植地と四〇万人の入植者たちが、休むことなく入植地の拡大を進めていることだ。

イスラエルの和平団体ピース・ナウ(28)が公表した最近の報告では、次のように記されている。

一、二〇〇一年六月末時点で、入植地に建設中の住宅数はさまざまな段階のものをふくめ総数六、五九三戸であった。

二、バラク政権のもとで、入植地において新たに着工された住宅戸数は六、〇四五戸であった。実際、二〇〇〇年における入植地の建設着工は四、四九九戸と、一九九二年以来最大のペースを記録した。

三、オスロ合意が締結されたとき、入植地の住宅戸数は三二、七五〇戸であった。オスロ合意成立以降、二〇、三七一戸の住宅が新たに建設された。入植地における住宅戸数は六二パーセント増加したことになる。

イスラエルの基本的立場は、「ユダヤ国家」が必要とするものについては一歩も譲らないというものである――すなわち「平和と安全」の確保である。だが、実際のイスラエルの行為はみな、平和も安全も保障しないものばかりだ。

合衆国はイスラエルの非妥協的態度と残虐行為に同意を与えてきた。このことに関しては別の言い方などありえない――九二〇億ドルの援助と無限の政治的支援は、世界じゅうが知っている隠しようもない事実である。皮肉なことに、このことがもっともよく当てはまるのはオスロ合意にもとづく「和平プロセス」が進行していたまさにその期間中であって、それ以前のことでも以後のことでもない。この件についての真実をありていに述べれば、アラブやムスリム世界における反アメリカ感情は、世界に向かって民主主義や正義について説教をたれておきながら、その一方でまさにその正反対を行くような者たちを公然と支持するという合衆国の行動に、じかに結びついているのである。しかしアラブやイスラームの世界にはまた、合衆国についてのまぎれもない無知があるのも事実である。アメリカについて合理的に分析し批判的に理解しようとする代わりに、長たらしく修辞的な弾劾演説やおおざっぱな一般論による糾弾に訴えようとする傾向があまりにも強かった。イスラエルに対するアラブの態度についても同じことが言える。

この問題に関しては、アラブの諸政府も知識人も、ともに重大な失敗を犯したのである。アラブの諸政府は、積極的な文化政策に時間や資源をつぎ込んで、自分たちの文化や伝統や現在の社会についての満足のいくような肖像を世に浸透させることを怠った。それゆえ、結果として西洋世界にはそうしたものが伝わらず、乱暴で性欲過剰の狂信者たちというあいも変わらぬアラブ人やムスリムの肖像が誰にも文句をつけられずまかり通るようなことが放置されてきたのである。知識人たちの怠慢は、それに劣らず重大である。軍事行動にうったえることが可能でもなければ実際に望ましい選択肢でもないというときに、そのような行動の計画を示唆するような闘争と抵抗についての常套句をひたすらくり返すというのは、まったく無益な行為である。不正な政策に対するわたしたちの防衛手段は倫理的なものである。わたしたちはまず最初に自分たちの倫理的な優位性を確立しなければならない。そのうえで、そのような立場に対する理解をイスラエルや合衆国において広めなければならない。わたしたちがこれまで一度も試みたことのないアプローチである。わたしたちはこれまで相互の交流や議論を拒みつづけ、そういうことについては侮蔑をこめて「正常化」とか〔敵方への〕「協力」としか呼んでこなかった。妥協を排してわたしたちの正しい立場を示すこと（わたしが要求しているのはそれだ）が、譲歩として解釈されることなど絶対にありえない。とりわけ、その「譲歩」が占領者に対して、あるいは占領と報復措置という不正な政策をあみだした者に対して、直接かつ強力におこなわれるのであれば、なおさらありえない。なぜ、わたしたちは、わたしたちを抑圧するものたちとじかに向き合い、人間味のある態度で、説得力のある対話を交わすことを恐れるのだろうか。なぜ、わたしたちは贖罪の暴力などという漠然としたイデオロギー的な約束を信じつづけるのだろうか。そんなものは、ビンラディンやイスラーム主義者たちが吐き散らす害毒とほとんど変わるところがないではないか。わたしたちの要求に対する答えが見つかるのは、筋の通った抵抗、軍事占領と違法入植に対する高度に組織化された市民の抵抗、教育プログラムの整備による共生の奨励や公民教育や人命尊重思想の普及などの中である。

とはいえわたしたちは現在、耐えがたい袋小路にはいりこんでおり、ほとんど反故にされたも同然となっている一九九一年のマドリード宣言における和平の枠組(29)――国連安保理決議二四二と三三八、および「領土と平和の交換」原則――にほんとうにたち返ることがこれまでにもまして必要とされている。イスラエルに圧力をかけて、エルサレムを含めた占領地からの撤退をうながし、また(ミッチェル報告(30)によって確認されたように)入植地を撤去させることを除いては、和平への道はありえない。これを実施するには明らかに段階的な措置が必要であるが、その一方でまた、当面の措置として無防備なパレスチナ人を保護する緊急の対策が必要である。ともあれ、オスロ合意の大きな欠陥は、いま、この始まりの時点で修正しておかなければならない。すなわち、明確な表現による占有の終了、存続可能で真に自立したパレスチナ国家の設立、相互の承認を通じた平和の存続などの点の明記である。これらの目標が、トンネルの出口に輝く光明のように、和平交渉の目的としてはっきり記されねばならない。パレスチナ側の代表は、この点について断固とした態度をとるべきであり、交渉の再開を――イスラエルが容赦なくパレスチナ人に戦争をしかけているこの情勢のもとで、再開されるようなことがありうるとすればだが――たんなるオスロ路線への復帰の口実とするようなことがあってはならない。つまるところ、交渉を復活させることができるのは合衆国だけであり、そこにはまたヨーロッパ諸国やイスラエル、アラブ、アフリカ諸国の支持も不可欠である。だが、それらを取りまとめる役割は、和平努力のもっとも重要な保証人であるはずの国連が負うべきである。

それに加えて、パレスチナ＝イスラエル抗争においては人間性の面であまりにも失われたものが大きかったことにかんがみ、わたしは次のようなことを提案したい。すなわち、ネルソン・マンデラのような人物、あるいは申し分のない資格をそなえた和平調停者のパネルの主催で、相互の承認と信頼を示す重要な象徴的ジェスチャーが交換され、それによって正義と思いやりが和平進展に欠かすことのできない要素として確立されるよう努力すべきである。残念ながら、アラファトもシャロンも、そのような高等な企てには相応しくないということは否定できない。パレスチナの政界には徹底的な見直しが必要である。パレスチナ人の誰もが切望しているもの——尊厳と正義にもとづく平和、そしてそのもっとも重要な要素として、イスラエルのユダヤ人との穏当で平等な共存——を余すところなく代表するものに再編せねばならない。わたしたちは、苦しみつづけてきた国民の犠牲に長いあいだ少しも近づこうとしなかった指導者の見苦しいごまかし、みっともない立場のぐらつきを振り切らなくてはならないのだ。イスラエルの人々についても事情は同様だ。シャロン将軍のような人物によって最悪の方向に導かれているのだから。わたしたちに必要なのは、虐げられてきた精神を高揚させ、現在のあさましい状況の先を見させてくれるようなヴィジョンである。ほんとうに希求すべきものとして確固たる態度で人々に示されれば、そのようなヴィジョンはけっして破綻することはない。

A vision to lift the spirit. *Al-Ahram Weekly Online*, 25-31 October 2001 Issue No. 557

危険な無自覚

合衆国のアフガニスタンに対する軍事攻撃が二カ月目もなかばにさしかかり、時局が極度に動揺する中、いくつかのテーマやそれに対抗するテーマが明瞭に浮かび上がってきた。ここらで少し整理してみてもよいだろう。さしあたっては、解説や但し書きはほどほどにして、そのようなテーマを列挙してみよう。それを手がかりにして、合衆国とパレスチナのあいだの、長年にわたる、はなはだ口惜しい関わり合いの歴史の中で、現在どのような状況が展開しているのかを考察したい。

まずは、たぶんわかりきったことの確認からはじめよう――わたしの知っているアメリカ人はみな（わたし自身も含めて、と言わねばならないが）、九月十一日の惨劇が世界の歴史に新しい局面をひらいたと確信している。歴史上にはほかにも残虐行為や大惨事が起こっているという事実をアメリカ人の多くが頭では理解しているのだが、それでもなお世界貿易センターとペンタゴンの爆撃には唯一にして無比なところがあるのだ。そこで、新しい現実があの日からはじまったように思われるのだが、そこでの主要な関心事は合衆国そのもの——その悲しみ、その怒り、その心理的ストレス、その自己認識などである。極端な言い方をすれば、今日、合衆国のおおやけの場でもっとも傾聴される見込みの少ない議論は、国際社会の大立者であるアメリカが自分でまいた種によってこのような憎しみを身に招くことになった歴史的な原因を示唆するものだといえよう。そのように論じることは、いまやアメリカの憎しみと恐れのすべてを象徴する巨大な重層的シンボルとなったビンラディンの存在や行動を正当化しようとするものとしかみなされない。いずれにせよ、そのような話題がメインストリームの言説に登場すること、とくに一般メディアや政府答弁の中に登場することは、目下のところ、とても許されるような状況ではない。その前提となっているのは、アメリカの美徳、ないしはなにか侵しがたい栄誉というようなものが絶対的に邪悪なテロリズムによって傷つけられたということであり、またそのことを少しでも低く見積もったり説明したりなどということは考えただけでも耐えがたく、ましてや理性的に追求するなどもってのほかだ、ということであるらしい。このような状況こそが、まさにビンラディンの狂気の世界観がずっと望んできたもの——彼の勢力と、キリスト教徒およびユダヤ教徒の勢力に分断された世界——にほかならないのだが、そんなことは、まったく問題にならないらしい。

そういうことで、政府やメディア（ほとんど政府と一体となって動いており、戦争の遂行そのものについては質問や批判の表明があっても、戦争が賢明な行為であるかどうか、有効性があるのかなどという問題に触れることはない）が投影したがっている政治的イメージは、アメリカの「団結」である。集合体としての「われわれ」が存在し、「われわれ」はみな一つになって行動し一つになって考えるという感覚がメディアと政府によって捏造されており、さほど重要でない表層的な現象を通じてその存在が浮かび上がっている——あちこちに星条旗が掲揚され、ジャーナリストは合衆国が関係する世界の出来事を描写するに際し集合体としての「われわれ」という言葉を使用する。われわれは爆撃した、われわれは言った、われわれは決定した、われわれは行動した、われわれは思っている、われわれは考える、等々。もちろん、このようなことは現実とは大きく遊離している。現実ははるかに複雑で、そんなに安心できるものではない。記録も公表もされぬ懐疑、率直な反対意見さえもかなり多いのだが、そうしたものは愛国心の発露におおい隠されているようだ。アメリカの団結が強力に打ち出されている結果、合衆国の政策に疑問を投げかけることはほとんど許されない。だがその政策は、さまざまなかたちで、アフガニスタンをはじめいたるところで予想外の事態が続出する方向に突き進んでおり、それらの意味を多数の人々が理解するときにはすでに手遅れとなっているであろう。その一方で、アメリカの団結は、アメリカがしていること、してきたことについては、深刻な意見の相違や論議は許されないのだと世界に向けて表明することを要求する。ビンラディンとまったく同じように、ブッシュは世界に向けて、われわれの味方となるか、さもなくばテロリストの味方としてわれわれを敵にまわすか、と二者択一を迫る。つまり、一方ではアメリカが戦っているのはイスラームではなくテロリズムであるとしながら、他方では（イスラームおよびテロリズムがいったい誰を、あるいは何を指すのかを決めるのはアメリカだけであるため、先のこととは完全に矛盾するのだが）「われわれ」はムスリムのテロリズムやイスラームの憤怒（それを定義するのは「われわれ」だ）に対抗しているというわけである。[31] ヒズボラやハマスをテロリスト組織ときめつけるアメリカの断罪に対しては、レバノン人やパレスチナ人からこれまでのところ効果的に異論が表明されているが、だからといってイスラエルの敵に対して「われわれの」敵という烙印を押そうとする運動が阻止できるという保証になるわけではない。

それはさておき、ジョージ・ブッシュとトニー・ブレア英首相はともに、パレスチナ問題についてはたしかになんらかの手を打つ必要があると悟ったようだ。ただし、そのような処置をほどこす前提となる合衆国の外交政策の変更について、真剣な取り組みは何もなされていないようだ。

それが実現するためには、合衆国はみずからの歴史をふり返る必要がある。それはトーマス・フリードマンやフォアード・アジャミーのようにメディアを通じて悪辣な批評をたれ流す米国の評論家たちが、アラブやムスリム社会に向けて彼らが実施すべきだと説きつづけていることとまったく同じ行為なのだが、もちろんこのような評論家たちは、そのことがアメリカ人も含めて誰にとっても必要なことだという認識にいたることがない。アメリカの歴史は自由と民主主義の歴史であり、それらだけの歴史であると、くり返し聞かされるだけだ。失敗があったことは認められず、根本的な見直しが公表されることもない。他のものたちはみなやり方を変えなければならないが、アメリカだけは変わらないのだ。そうしてブッシュは、イスラエルの隣りに正式な国境線をもつパレスチナ国家をつくることを合衆国は支持すると述べ、国連決議にそってこれが実施されるべきだとつけ加える。しかし、それが数ある国連決議のどれをさすのかは明らかにされず、またヤセル・アラファトと個人的に会見することも彼は拒否している。

　これもまた矛盾したステップのひとつと映るかもしれないが、じつはそうではない。過去六週間にわたり、合衆国では、驚くほど執拗で、綿密に計画されたメディア・キャンペーンが遂行され、多かれ少なかれイスラエルの世界観をアメリカの一般視聴者や読者に押しつけようとしてきた。それを阻むものは事実上なにひとつなかった。その主要なテーマは、イスラームとアラブがテロリズムの真の原因であり、イスラエルは誕生以来ずっとそのようなテロリズムに直面してきた、アラファトとビンラディンは基本的に同じものであり、合衆国の同盟者であるアラブ諸国の多く（とくにエジプトとサウジアラビア）は、反米主義を後押しし、テロリズムを支援して、腐敗した非民主的な社会を存続させてきたことにより明らかに否定的な役割を演じてきた、というものである。キャンペーンの根底にあるのは、反ユダヤ主義が台頭しつつあるという、（ひいき目にみても）「疑わしい」テーゼである。これらが帰着するところは、イスラエルのやりくち――現在ほどに残忍で、人間性を踏みにじり、不法であったことはかつてなかった――に対するパレスチナ人（あるいはレバノン人）の抵抗にかかわりのあるものはすべて、タリバンとビンラディンを始末したあとで（併行して、かもしれない）抹殺されなければならない、という確実な兆候である。またこのことが、国防省タカ派とその右翼メディア勢力がアメリカ国民に向けて執拗に念を押しているように、次はイラクの番であり、さらにはこの地域のイスラエルの敵はひとつのこらずイラクと並んで徹底的にたたかねばならぬということを意味しているのは、誰の目にも明らかだ。九月十一日以降の数週間、シオニストのプロパガンダ装置の騒々しい稼動ぶりはすさまじく、このような見方に対する反論に行きあたることはほとんどなかった。このようなおどろくべき嘘八百、血に飢えた憎悪と自分たちの優越を絶対視する傲慢な態度の中で見失われてしまったのは、アメリカはイスラエルではないということ、ビンラディンはアラブでもイスラームでもないという単純明白な事実である。

この親イスラエル集中キャンペーンには、ブッシュや閣僚たちの政治支配がほとんど及ばず、合衆国政府がイスラエルとパレスチナ人に対する自国の政策を本格的に再検討するような試みは、これによってことごとく阻止されてきた。ムスリム世界やアラブ世界に向けたアメリカの対抗プロパガンダ作戦の緒戦でさえ、アラブを他のすべての民族と同様のまじめさで扱うことには、おどろくべき抵抗がみられた。たとえば、ビンラディンの最新ビデオがノーカットで放映された一週間前のアルジャジーラの討論番組を取り上げてみよう。糾弾と宣言のごた混ぜの中で、このビデオは合衆国がイスラエルを利用してパレスチナ人に絶え間なく弾圧を加えていると非難する。もちろんビンラディンによる説明は、イスラームに対するキリスト教徒とユダヤ教徒の十字軍というばかげたものだが、アラブ世界の大多数の人々は、アメリカは自国の武器と国連などでの無条件の政治的支持を与えてイスラエルが好き放題にパレスチナ人を殺すことを放任してきたと固く信じている（明らかな事実だからだ）。ここで、ドーハを本拠とする番組司会者は、ワシントンで待機していた合衆国高官クリストファー・ロス〔前シリア大使　一九九一―九八〕を呼び出した。そこそこのアラビア語はこなすものの、けっして達者ではなく流暢ともいえぬロスは、用意した長い声明文を読みあげた。その論旨は、合衆国がイスラームやアラブに敵対するなどということはけっしてなく、実際には彼らを助けて戦ってきた（たとえばボスニアとコソボで）擁護者であり、アフガニスタンに対する食料支援でもほかの誰よりも多くを供給しており、自由と民主主義を保護している云々。

つまるところ、それは標準的な合衆国政府見解だった。司会者はそこでロスに質問し、彼が述べたてたように合衆国が正義と民主主義を支持しているというのなら、なぜ合衆国の支援するイスラエルが、パレスチナの軍事占領において暴虐をつくすということが起こりうるのか説明を求めた。聴衆者を尊重して正直な態度をとり、イスラエルは合衆国の同盟国であり、「われわれ」は内政上の理由からイスラエル支持を選んだのだと認める代わりに、ロスが選択したのは、聴衆の基本的な知性を愚弄し、合衆国はパレスチナ人とイスラエル人を交渉の席につかせた唯一の大国であるとして、擁護することだった。それにもめげず司会者が、合衆国がアラブの願望に敵愾心をもっていることについて執拗に食い下がると、ロスも負けずに自分の路線にしがみつき、アラブの利害を気にかけているのは合衆国だけだというようなことを主張した。プロパガンダの実践としては、ロスのパフォーマンスはもちろんお粗末だった。しかし、合衆国の政策に重大な変更が起こる可能性をさぐる指標としては、ロスは（本人はそういうつもりはなかっただろうが）

そんな変化など信じるのはよほどの愚か者だということを示したことによって、少なくともアラブ人には役に立ったのである。

どのような発言をしようが、ブッシュ政権下のアメリカは単独行動主義の大国でしかなく、アフガニスタンであろうが中東であろうが世界じゅうのどこへいってもそれは変わらない。パレスチナ人の抵抗の本質が何であるかを理解した様子はまったくなく、パレスチナ人全体に対するイスラエルの有害なサディズムに目をつむるという恐ろしく不公平なアメリカの政策に、アラブ側がなぜ憤慨しているのかを理解した兆候もない。アメリカはいまだに京都議定書への署名を拒否し、国際刑事裁判所に関する合意への署名も、地雷禁止のための諸協定への署名も、国連拠出金の支払いさえも拒否しつづけている。それでもブッシュは世界に向けて、あたかも校長先生が一握りの手に負えぬ浮浪児たちに向かって教えさとすように、なぜアメリカの理想にしたがって行動しなければならないかを説教することができるのだ。

要するに、ヤセル・アラファトや彼につきまとう仲間たちがアメリカの足元にひれ伏さねばならぬような理由はどこをどう探しても見つけることはできないのだ。一つの民族としてのわたしたちが希望をつなぐことのできる唯一の道は、わたしたちにも原則が存在するのだということ、わたしたちは道徳的に優位にあり、そしていまや誰も語らなくなった感のあるイスラエルの不法な占領に対抗して高度に組織された賢い抵抗運動を継続せねばならぬのだということを、パレスチナ人が世界に対して示すことである。わたしが提案したいのは、アラファトが世界各地を訪問して回るのはもうやめにして、自国民（現在の彼の政策を支持すると答えたのは一七パーセントにすぎず、国民はもうほんとうは彼を支持してはいないと訴えつづけている）のもとに帰り、国民の必要に応えるという、本来の指導者がすべき責務をはたすことだ。イスラエルはこれまでずっとパレスチナのインフラを破壊しつづけてきた。町や学校を破壊し、罪のない人々を殺し、好き放題にパレスチナ人の居住区に侵入してきたのであるが、アラファトはそれを十分な重みをもって受け止めてこなかった。彼こそが、毎時間とまでは言わぬまでも毎日のようにおこなわれる非暴力の抗議デモを率いるべきなのであり、外国のボランティア・グループにわたしたちのすべき仕事を肩代わりさせておいてはならない。

アラファトの指導体制が致命的に欠いているのは、自国民との人間的で精神的な団結にもとづいた自己犠牲の精神である。残念ながら、この恐ろしい欠損のおかげで、彼と不運で無力なパレスチナ自治政府はいまや完全に存在意義を失ってしまったように思われる。たしかに、シャロンの野蛮な行為も、その破滅に大きな役割を果たしてきたのだが、〔第二次〕インティファーダが始まったときにはもうすでに、たいていのパレスチナ人がもっともな理由から信頼を失っていたということを忘れてはならない。アラファトが一度も理解したことがないと思われるのは、わたしたちは、これまでも現在も、正義と解放の原則を代表し、象徴し、その体現として支持されている一つの運動なのだということだ。このことだけが、イスラエルの占有からみずからを解放することをわたしたちに可能にさせるのであり、アラファトや部下たちを今日まで軽蔑をもって扱ってきた欧米権力の殿堂に入り込み、ひそかな策術を弄することによってではないのだ。ヨルダンでも、レバノンでも、オスロ和平プロセスの期間中もそうだったように、アラファトはいかなるときも自分とその運動が他のアラブ国家とまったく変わらぬものであるかのようにふるまい、つねに敗北を重ねてきた。パレスチナの人々が望んでいるのは、警察と不正な官僚機構ではなく、解放と正義であるということを、彼がいつの日かようやく理解すれば、そのときはじめてほんとうの指導力を発揮しはじめるだろう。さもなければ、彼はぶざまにもがきまわり、わたしたちに大きな不幸と災難をもたらすことになるだろう。

その一方で——この問題の詳細な展開は次回にゆずり、今回はこれをもって結論としたい——パレスチナ人として、あるいはアラブとして、わたしたちは言葉だけの安易な反米主義におちいるようなことがあってはならない。ベイルートやカイロの集会所にたむろしてアメリカの帝国主義（シオニストの植民地支配でもいいのだが）を非難しながら、これらの社会は複雑であり、その政府の愚かな政策や残忍な政策によってつねにほんとうに代表されるとは限らないということを少しも理解していない、などということは許されない。イスラエルやアメリカの諸潮流の中には、わたしたちが呼びかけ、最終的に合意を形成すること（重要なことだ）が可能と思われるものもあるのに、これまでそのような働きかけをしてこなかった。この点では、わたしたちは自分たちの抵抗が、危険な無自覚と相手かまわぬ攻撃性のおかげで憎まれ恐れられる現在のような状況を脱し、尊重され理解されるものにしていかなければならないのだ。

それと、もうひとつ。アメリカ在住の少人数の平凡なアラブ人学者たちが、この国のメディアに登場してはイスラームやアラブを非難しているが、同じことをアラビア語で、ワシントンやニューヨークでは気楽にこきおろしてきたアラブの社会や人々に向かって語るだけの勇気ないしは品性を伴わずにそうすることはあまりにも安易というものだろう。同じく容認できないのは、アラブやムスリムの政府が、国連や欧米一般に対しては自国民の利益を擁護するかのようにふるまいながら、国内では国民のためにほとんど何もしていないということだ。たいていのアラブ諸国はいま、汚職や非民主的な恐怖政治、いまだ世俗的世界の現実が直視できない致命的に欠陥のある教育システムの中に、どっぷりつかりこんでいる。だが、ここから先は次回の記事に譲ろう。

Suicidal ignorance. *Al-Ahram Weekly Online*, 15–21 November 2001 Issue No. 560

イスラエルの行きづまり

「われらに向かって大地は閉じていき、最後の道へとわれらを追い立てる／通り抜けんがため、われらは四肢をちぎり捨てる」。一九八二年九月、ＰＬＯのベイルート撤退の直後に、マフムード・ダルウィーシュ[32]はこのように書いた。「最後のフロンティアが尽きた後、われらはどこへ行けばよいのか？　最後の空が果てた後、鳥はどこを飛べばよいのか？」

一九年の後、あのときレバノンでパレスチナ人に起こっていたことが、いまふたたびパレスチナでくり返されようとしている。昨年九月にアル・アクサ・インティファーダが始まって以来、パレスチナ人はばらばらに分断された二二〇カ所もの小ゲットーにイスラエル軍によって押し込められ、断続的な外出禁止令を課されている。外出禁止期間が何週間もぶっ通しで続くこともまれではない。パレスチナ人は誰ひとり、老若を問わず、健康であろうと病人であろうと、瀕死であろうと妊婦であろうと、学生であろうと医者であろうと、何時間も待たされることなしにバリケードを越えることはできない。そこには、わざと侮辱してやろうと待ち構えている無作法なイスラエル兵たちが配属されている。こう書いている今このときも、二〇〇人のパレスチナ人が腎臓透析を受けることができずにいる。彼らが病院に行くことを「治安上の理由」からイスラエル軍が許可しないからである。残忍な仕打ちをする若いイスラエル兵たちは、徴集されて、パレスチナの民間人を懲めることをおもな軍務として訓練されている。紛争を報道するためおびただしい数の外国人記者たちが送り込まれてきているが、彼らはこの兵士たちのことを記事にしたことがあっただろうか？　あったとは思えない。

十二月十日にカタールで開かれた中東イスラム諸国会議（ＯＩＣ）の緊急外相会談では、ヤセル・アラファトはラーマッラーのオフィスを離れることが許されなかったために出席できず、代理の者が彼の演説原稿を読みあげた。一五マイル離れたガザの空港と、アラファトの老朽化した二機の専用ヘリコプターは、その前の週にイスラエル軍の空爆とブルドーザーによって破壊されていた。この軍事的な暴挙も、毎日のようにくり返されている侵略行為の一部にすぎず、それを阻止することはおろか、監視しようとさえする者や勢力もないのだ。ガザ空港は、パレスチナの領土に直接はいることのできる唯一の玄関口で、第二次世界大戦このかたいわれもなく破壊されてきたこの地のひとつきりの民間飛行場だった。昨年五月以来、（合衆国が気前よく供給した）イスラエルのF16戦闘機がひんぱんにパレスチナ人の町や村に爆撃や機銃掃射を加え、土地建物を破壊し、一般市民や治安職員（国民を守るための陸軍も海軍も空軍もパレスチナにはない）を殺害し、ゲルニカの世界を現出させてきた。アパッチ攻撃ヘリ（これも合衆国によって供給された）は、ミサイル攻撃によって七七人のパレスチナ人リーダーの命を奪った。テロ攻撃をおこなった、あるいは将来おこなうという嫌疑のためである。このような暗殺を決定する権限は名前の出ないイスラエル諜報員の一団が握っているが、個々の決行ごとにイスラエル内閣が承認を与え、またより全体的なかたちで合衆国も承認を与えているものと推測される。攻撃ヘリはまた、一般市民のみならずパレスチナ自治政府の施設や警察を爆撃することにおいてもきわめて効果的だった。十二月五日の夜間、イスラエルの陸軍はラーマッラーにあるパレスチナ中央統計局の五階建てのオフィスに侵入し、コンピュータとともに保管書類や報告書のほとんどを運び去った。これにより、集積されてきたパレスチナ人の生の記録がほぼすべて抹消されてしまった。一九八二年にも、同じ司令官の〔アリエル・シャロン〕指揮する同じ軍隊が西ベイルートに侵攻し、パレスチナ・リサーチ・センターから記録や書類を運び出し、建物を完全に叩き潰した。その数日後に起こったのがサブラーとシャティーラの大虐殺である。

ハマスやイスラム聖戦機構の自爆攻撃はもちろん続いている。そうなるだろうということは、十一月下旬の十日間の一時停戦を破り、急にハマス指導者マフムード・アブー・ハヌードの暗殺を指令したとき、シャロンには完全に読めていたはずである。アブー・ハヌード暗殺の意図はハマスを挑発して報復させることにあり、それを口実にイスラエル陸軍がパレスチナ人の大量虐殺を再開できるようにすることが狙いだった。八年にわたる不毛な和平談義が残したものは、パレスチナ人の五〇パーセントが失業し、七〇パーセントが一日二ドル以下の困窮生活にあえいでいるという現状である。毎日が、有無を言わせぬ土地収奪と家屋破壊の連続である。イスラエル人は、パレスチナの土地にある樹木や果樹園までなぎ倒すようなこともあえてやってのける。過去数カ月のあいだ、イスラエル側の犠牲者一人に対し五人から六人の割合でパレスチナ人が殺されているのだが、この年季のはいった戦争屋はあつかましくも、イスラエルはビンラディンが差し向けたものと同じテロリズムの犠牲者であると言いつづけている。

これらすべてのカギを握るのは、イスラエルが一九六七年以来このかた不法な軍事占領をおこなっているという事実である。このような占領としては歴史上で最長の記録であり、今日の世界においては唯一のものである。これがそもそもの始まりとなった、そして今も続く、暴力行為であり、パレスチナ人の暴力行為はすべてそれに対して向けられた対抗手段なのだ。たとえば、十二月十日にヘブロンで三歳と十三歳の二人の子供がイスラエルの爆弾によって殺されたが、その同じ日、EU代表はパレスチナ人に暴力行使やテロ活動を抑制するようにと要求していた。十二月十一日には、さらに五人のパレスチナ人が殺された。すべて民間人であり、ガザの難民キャンプに加えられたヘリコプター爆撃の犠牲者である。さらに悪いことには、九月十一日の襲撃の結果として、「テロリズム」という言葉が軍事占領に対する正当な抵抗を隠蔽するために利用されるようになり、また民間人の虐殺（わたしはつねに反対してきた）と、三〇年以上にわたる集団懲罰のあいだに関連をつけることは、いかにくだけたものであっても、物語としてさえ、許されないという状況になっている。

パレスチナ人のテロリズムについて偉そうに語る西欧の識者や官僚たちはみな、占領の事実を忘れることがどのようにしてテロ防止につながるとされるのかを問う必要がある。アラファトの大きな失敗（挫折感とまずい助言の結果だ）は、占領という事態と取引をしようとしたことだ。その端緒は、一九九二年にケンブリッジのアメリカ科学芸術アカデミーにおいてパレスチナの二つの名家の御曹司たちとモサド〔イスラエル秘密諜報機関〕のあいだで交わされた「和平」論議を彼が是認したことにある。ここで論議されたのは、もっぱらイスラエルの保全ばかりだった。パレスチナの保全については、いっさい話題にされなかった。いっさい、まったく。そしてパレスチナ人の独立達成という課題は一方の側だけの努力にゆだねられた。実際、イスラエルの保全は、他のなにごとをもさし置いて、国際的な優先事項として認知されるようになっており、その結果として、ジニ大将〔米特使、元合衆国中東軍司令官〕やハヴィエル・ソラナ〔EU共通外交安全保障上級代表〕が、占領についてはまったく沈黙したままPLOに説教をするということが起こりうるようになったのだ。とはいえ、この和平論議でイスラエルが得たものが、パレスチナ人より大きかったわけではない。イスラエルの失敗は、アラファトと彼の仲間をたぶらかして果てしのない論議と微々たる譲歩に引き込むことにより、パレスチナ人一般も黙らせることができるだろうと考えたことにある。イスラエルがこれまで公式にとってきた政策はことごとく、イスラエルを有利にするどころか、状況を悪化させるばかりだった。考えてみてほしい。いったい一〇年前にくらべて、イスラエルは安全になり、他から受け入れられるようになっただろうか？

週末の十二月一日にハイファとエルサレムで起こった民間人に対する恐ろしい（わたしの意見では）愚劣な自爆攻撃は、もちろん非難されるべきものである。だが、その非難が意味をなすものになるためには、同じ週に起こっていたアブー・ハヌードの暗殺、またガザではイスラエルのブービー爆弾が五人の子供たちを殺害したという事件との関連でこの攻撃を考える必要がある――もちろん、ガザや西岸地区のいたるところで繰り広げられている家々の破壊やパレスチナ人の殺害、絶え間ない戦車による侵略、過去三五年にわたり刻一刻と少しずつすり潰されてきたパレスチナ人の希望などについては言うまでもない。結局のところ、絶望からは情けない結果しか生まれてこないのだが、さりとてジョージ・W〔ブッシュ〕とコリン・パウエルが十二月二日、ワシントンを訪れたシャロンに与えたゴーサインがそれに比べて少しもましなわけではない（アレグザンダー・ヘイグが一九八二年五月にシャロンに与えたゴーサインをあまりに強く連想させる）。彼らの支持のもと、例によって派手な宣言が発せられ、占領下の人々と彼らの無力な指導者を世界的な侵略者に変えてしまい、自分たちの手で犯罪者に「法の裁きを下す」よう要求する。そのように言っておきながら、もう一方では、取り締まりにあたるべきパレスチナ警察の組織全体をイスラエル兵がシステマティックに破壊しているのである。

アラファトは八方ふさがりの窮地に追い込まれている。皮肉なことに、それは敵・味方を問わず誰にとってもパレスチナそのものの体現者でありたいという彼のとどまるところのない願望が招いたことだ。彼は悲劇の英雄であるが、それと同時にへまな人物でもある。今日、彼が指導者であることを否定しようというパレスチナ人はだれもいない。理由は単純で、度重なるぐらつきや失敗があったにせよ、彼がパレスチナ人の指導者であるというそれだけの理由で懲められ恥をかかされているからであり、また、パレスチナ人の指導者であることによって、彼の存在そのものがシャロンやシャロンを支援するアメリカ人たちのような純正主義者たち（と呼ぶのが適当ならば）の気分を損ねるからである。そこそこの成果を上げた保健省と教育省をのぞいては、アラファトのパレスチナ自治政府はたいしたことをしてこなかった。その汚職と横暴の根にあるのは、アラファトが、一見気まぐれなようで実際には細かく気を遣いながら、誰もが自分の与える寛大な報奨に依存しつづけるように操っていることである。予算を仕切るのは彼ひとりであり、五つの日刊紙の第一面に何を掲載するかを決めるのも彼ひとりなのだ。とりわけ、彼は独立の保安機関を一二から一四（一説によれば一九から二〇）も設置しており、それらを互いに対立するようにしむけることにより、彼らを操っている。これらはそれぞれ自組織のリーダーとアラファトにのみ忠誠であるという体質をもっており、自国民に対してなすことといえば、アラファトやイスラエルや合衆国が申しつければ彼らを捕縛するということを除いて、ほとんど何もない。一九九六年に実施された選挙では三年の任期が想定されていた。だがアラファトは、新たな選挙をおこなえば自分の権威や人気に大きな脅威となるのは間違いないと踏んで、実施をためらっている。

彼とハマスのあいだには、六月のハマスによる自爆攻撃の後、一種の協約が成立していた。大きく喧伝されたこの協約は、アラファトがイスラーム諸政党に干渉しなければ、ハマスもイスラエルの民間人を攻撃しない、というものだった。シャロンがアブー・ハヌードの暗殺によってこの協約を崩壊させた――ハマスはこれに報復し、それによって、シャロンがアメリカの支持のもとアラファトを締め上げることに何ひとつ障害はなくなった。アラファトの治安組織網、監獄、オフィスを破壊したうえに、彼を物理的に監禁状態に置いておきながら、シャロンはできないのを承知で無茶な要求を押しつける（とはいえ、驚いたことにアラファトは奥の手を出してなんとか要求の半分ほどを満たしてのけた）。シャロンが愚かにも想定しているのは、アラファトをお払い箱にした後は、地元の有力指揮官たちとそれぞれ独立に合意を取り結び、それによって西岸地区の四〇パーセントとガザ地区の大部分をいくつかの分断された小区域に分割し、それぞれの国境はイスラエル軍が支配するという体制を作ろうという考えだ。こんなことがどうしてイスラエルの保全を高めることにつながるのかということは、たいていの人々の思考からすり落ちているが、残念ながら権力者たちにはわかっているはずだ。

この構想ではまた、三つの勢力が考慮の対象から外されているが、そのうち二者についてはシャロンは人種偏見からまったく重きをおいていない。第一のグループは、パレスチナ人そのものである。その多くは相当に政治意識が高く、妥協を拒絶しているため、イスラエルの無条件撤退という条件より以下では手を打つことはなさそうだ。イスラエルの政策は、この種の侵略の例にもれず、意図したものとは逆の効果を生んでいる――押さえつけることは抵抗を呼び覚ますだけなのだ。もしアラファトが消えたとすれば、パレスチナの法律では国会議長（アブラーラと呼ばれる、見栄えのしない不人気なアラファトの腰巾着だが、イスラエルは彼の「柔軟性」を高く評価している）が六〇日のあいだ統治権をもつことになっている。それに続いて、アブー・マーゼンのようなアラファトの旧友たちと、二、三人の主要（かつ有能）な治安長官たち――有名なところでは、西岸地区のジブリール・ラジューブやガザのムハンマド・ダーラン――のあいだで跡目争いが起こるだろう。だが、これらの人々はいずれもアラファトのような名声を欠き、彼の（たぶん今では失われた）人気には足元にも及ばない。その結果、一時的な混乱が起こることが予想される。アラファトの存在がパレスチナの政局（何百万という他のアラブ人やムスリムの利害が大きくそこにかかっている）を編成するうえで中心的役割を担ってきたという事実を、わたしたちは直視しなければならない。

アラファトは複数の組織が併行して存在することに寛容であった。実のところ、彼は組織の重複を支持し、それらを互いに対抗させて均衡を取ることによって、みずからの率いるファタハ以外の組織が優勢になることを防ぎ、さまざまなかたちでそれらを操ってきたのである。しかしながら、ここへきて新しいグループが出現しつつある。それらは政教分離主義で、勤勉で、明瞭な政治意識をもち、来たるべき独立パレスチナ国家において民主主義政治を推進することに専心している。これらのグループには、パレスチナ自治政府の支配はまったく及んでいない。しかし、ここでもうひとつ指摘しておかねばならぬのは、イスラエルが老若すべてのパレスチナ人に対する爆撃と抑圧を続けているかぎり、「テロリズム」を断てというイスラエルと合衆国の要求にすすんで応じようというものはパレスチナには誰ひとりいないことだ。といっても、一般の人々の心の中で自滅的な特攻主義と占領に対する具体的な抵抗のあいだに区別を設けるのはむつかしいであろうが。

第二のグループは、アラブ世界の他の指導者たちである。彼らはアラファトに対する苛立ちをあらわにしているものの、アラファト体制の中に一定の既得権益をもっている。アラファトは彼らよりも利口で粘り強く、自分が彼らの国の国民感情に訴える力をもっていることを知っている。これらの国々でアラファトが開拓してきた支持層は、アラブ人の中でもイスラーム主義者と政教分離主義ナショナリストという二つの別個のグループである。ビンラディンが象徴するものや彼のしたことに嫌悪を感じている多数のムスリムや非宗教的なムスリム以外のアラブ人たちではなく、ビンラディンをアラブの典型だとみなす大勢の西欧の専門家やオリエンタリスト（東洋学者）たちの目には、後者（政教分離主義ナショナリスト）の存在はほとんど映っていないが、両グループとも攻撃されていると感じている。たとえばパレスチナでは、最近の世論調査では、アラファトとハマスがいまや人気では互角である（両者とも二〇から二五パーセントのあいだを行き来している）が、大多数の市民はいずれも支持していないという結果が出ている（だが、アラファトが追いつめられてきたと同時に、その人気は急上昇している）。他のアラブ諸国でも同じような分裂が存在し、大多数の人々がどちらの側も支持できないと考えていることも同じである。たいていの人々は、政権党の腐敗と横暴にはうんざりしているものの、同時にまた宗教グループ（その多くはグローバリゼーションのような問題や電気や仕事を供給するといったことよりも、個人の行動を規制することのほうに関心がある）の単純化志向と急進主義にも閉口している。

もしアラファトが、イスラエルの暴力とアラブの無関心によって死ぬまで締め上げられたと映れば、アラブ人やムスリムたちはみずからの治世者に敵対してくる可能性が高い。それゆえ、アラファトは現在の政治シーンには必要なのである。彼の退場が当然と映るようになるのは、新しい集団的な指導体制がパレスチナ人の若い世代のあいだに出現してきてからである。それが、いつ、どのようにして起こるのかを予言することはできないが、それが起きるということをわたしは強く確信している。

第三のグループは、ヨーロッパ人、アメリカ人、その他の人々であるが、彼らには自分たちが何をしているのかわかっているようには思われない。彼らの大部分は、パレスチナ問題が片付くのは大歓迎で、ブッシュやパウエルの精神にならって、パレスチナ国家のヴィジョンがなんらかのかたちで実現されるのなら、それにこしたことはないと考えている——他の誰かがその責任を引き受けてくれるならばの話だ。それはそれとして、彼らはもしアラファトという存在がなく、責任を負わせ、叱責し、侮辱し、突っつき、圧力をかけ、あるいは金を与える相手がいなくなれば、自分たちが中東で機能することはむつかしいということを悟るだろう。EU大使とジニ大将の使命には意味がないと思われ、シャロンにもイスラエル人にも何の影響も与えないだろう。イスラエルの政治家は、西欧の政府は一般に自分たちの味方であることを正確に見抜いており、したがってアラファトやパレスチナ人たちがどんなに空しく交渉を懇願しようが、自分たちは得意な手段を使いつづけることができると判断しているのだ。

パレスチナ内部においても、離散パレスチナ人のあいだでも、ゆっくりと姿を見せはじめた新しいグループは、パレスチナ人の存在を問題にするだけでなく、パレスチナ人の権利の問題にも取り組む道義的な責任を、欧米とイスラエルにしっかり負わせるという戦術を学びはじめ、使いはじめている。イスラエルでは、たとえば豪胆なパレスチナ人のクネセト〔イスラエル国会〕議員アズミー・ビシャーラが議員の免責特権を剝奪され、暴力を煽動したかどで遠からず公判にかけられることになっている。なぜか？　占領に抵抗するパレスチナの権利を彼が長年にわたり訴えつづけ、世界じゅうの他のすべての国と同じように、イスラエルも、ユダヤ人だけの国ではなく、その市民すべての国でなければならないと論じてきたためである。パレスチナ人の権利についてのパレスチナ人による大規模な挑戦が、はじめてイスラエルの内部において（西岸地区ではなく）衆人監視の中で開始されたのである。これと並んで、ベルギーの検事総長はシャロンに対する戦争犯罪の訴えを同国の裁判所で取り上げることを確認している。宗教にとらわれないパレスチナ人の意見を動員しようという地道な努力が進行中であり、それによって徐々にパレスチナ自治政府をしのぐ支持を獲得していくだろう。占領に注目が集まり、三五年におよぶ占領を永遠に存続させることなどできないということを、より多くのイスラエル人が悟るようになれば、イスラエルの側から道徳的な優位を取り戻そうとする動きが出てくるだろう。

　それに加えて、合衆国のテロに対する戦争が拡散するにつれ、不穏な動きの増大は必至の情勢となっている。封じ込めるどころか、米国は力づくでそれらを引っ掻き回し、収拾がつかなくなる可能性が高い。パレスチナに対する関心の再燃の背景にあるのが、合衆国とヨーロッパ諸国が反タリバン連合を維持することを必要としているからだというのは、半端なものではないアイロニーだ。

Israel's dead end. *Al-Ahram Weekly Online*, 20-26 December 2001 Issue No. 565

「9・11」をめぐって――インタビュー

聞き手　デイヴィッド・バーサミアン

――九月十一日の出来事に多くのアメリカ人はうろたえ、困惑しています。あなたはこの事件をどのように受けとめましたか？

サイード　ニューヨーク市民のひとりとしては、衝撃的でおそろしい出来事でした。とくにそのスケールの大きさにはショックを受けました。基本的に、あれは罪のない人々に危害を加えてやろうという抑えがたい欲望のあらわれでした。狙われたのはシンボルです。世界貿易センターはアメリカ資本主義の中心、ペンタゴンはアメリカの軍事機構の総本山ですからね。しかし、それは議論を喚起するためのものではありませんでした。どのような交渉にもからんでいません。

どのようなメッセージも付随していません。あの事件そのものが主張なのです。ふつうのことではありません。政治的なものを超えて、メタフィジカルな領域に入ってしまっています。そこには一種のコスミックで悪魔的な性格の精神が働いていて、対話や政治組織・信条などへの関与をいっさい拒絶しているのです。実行することだけが目的の、残忍な破壊行為でした。この攻撃については、どこからも犯行声明が出ていないことに注意してください。いかなる要求も示されていません。どのような主張も示されていません。無言のうちにおこなわれたテロなのです。他のなにものにも関係していません。現実を離脱して、まったく別次元の世界、自分たちの目的のためにイスラームを乗っ取った人々がとり憑かれている現実離れして狂った考え、神話じみた漠然とした議論の領域へと飛躍するものでした。この罠にはまりこみ、こちらもなにか抽象的な報復で応じてやろうなどという考えに走らないことが大切です。

――合衆国は何をすべきなのでしょう?

サイード　このひどい事件に対応する正しい措置は、ただちに国際社会に持ち込むことでしょうね――国連です。国際法のルールが適用させられるべきです。しかし、いまではもう手遅れかもしれません。だって合衆国はこれまで一度もそうしたためしがないのですから。いつだって自分だけの力で解決してきたのです。「国家を廃絶する」とか「テロリズムを根絶させる」という発言や、さまざまな手段を投じて「何年にもわたる長い戦争を遂行する」などという発言が示唆するのは、多くのアメリカ人が覚悟していると思われるよりずっと複雑で長期化する紛争です。はっきりとした目標地点が見えていません。ウサマ・ビンラディンの組織は、もはや彼のコントロールをはなれ、いまではおそらく独立しています。これからも、第二、第三のビンラディンが現れることになるでしょう。だからこそ、もっと正確で、もっと明瞭な、じっくり練り上げた作戦が必要なのです。また、テロリストの居場所をつきとめるだけでなく、テロリズムの根源にある原因（究明可能なものです）の追跡も視野に入れた作戦も必要です。

――根源的な原因とは、どのようなものでしょう？

サイード　イスラーム世界、産油諸国、アラブ世界という合衆国の権益と安全保障には絶対に重要と考えられている地域において、合衆国がその諸問題に首をつっこんできたありかたとの長年の相克の中から生まれてきたものです。この間断なく展開していく相互作用の連続の中で、合衆国はきわめて特異な役割を演じてきたのですが、そのことについてたいていのアメリカ人は目をふさがれているか、あるいはただ何も気づかずにいるのです。

イスラーム世界では、合衆国について二つの大きく異なる見方があります。ひとつは、合衆国がすばらしく傑出した国だと認めるものです。ぼくの知っているアラブ人やムスリムはみんな合衆国にものすごく興味をもっています。彼らの多くは教育を受けさせるために子供たちをここに送ります。彼らの多くは、ここでバカンスを過ごします。ここで仕事をし、ここで訓練を受けるのです。それに対して、いまひとつの見方は、国としての合衆国、軍隊を動かし他国に干渉する合衆国です。一九五三年にイランの民族主義的なモサデク政権を転覆させ、シャー（国王）を復位させた合衆国です。最初は湾岸戦争への介入で、次には経済制裁を発動することによって、イラクの民間人に甚大な被害を与えた合衆国です。パレスチナ人に敵対するイスラエルを支援する合衆国です。

中東に住んでいれば、こういったことは継続的な支配欲の表現として映ります。またそれに伴う一種のかたくなな態度、現地の人々の希望や願望や目標などを頑固に阻もうとする姿勢が目につきます。たいていのアラブ人やムスリムは、合衆国は自分たちの願望などほんとうはあまり重視していないと感じています。合衆国の政策はおのれの利益を追求するものであり、まるで自国の占有物であるかのように主張している諸原則——民主主義、民族自決、言論の自由、集会の自由、国際法——にはあまり従っていないと彼らは考えています。たとえば、西岸地区とガザの三四年にわたる占領を正当化するのはむつかしいことです。一四〇に及ぶイスラエルの入植地とおよそ四〇万人の入植者の存在を正当化するのはむつかしいことです。これらの措置を支持し、資金を提供したのは、合衆国です。こんなことをしておきながら、合衆国は国際法や国連決議を遵守しているなどと言えたものでしょうか?　こういうことの結果としてできあがったのは、スキゾ的な合衆国のイメージです。

さて、ここからが、ほんとうに情けない話になるのですが、アラブの統治者たちは基本的に人気がありません。彼らは、国民の願いには反して、合衆国によって支持されているのです。こういう人気のかけらもない政策と暴力の性急な混合物の中では、デマゴーグの出現、とくに宗教に名を借りた——ここではイスラームですが——デマゴーグが出現し、合衆国に対する十字軍を募り、何としてもアメリカを打倒しなければならないと呼びかけることはむつかしくはありません。

皮肉なことに、ウサマ・ビンラディンやムジャヒディーンなどのように、こういう人々の多くは、実のところ八〇年代初期にソ連勢をアフガニスタンから追い出そうとして合衆国が育成したものです。イスラーム勢力を結集して、神を否定する共産主義にぶつければ、ソ連を手ひどい目にあわせてやることができるだろうという計算だったのですが、事実そのとおりになりました。一九八五年にはムジャヒディーンの一団がワシントンを訪れ、彼らを「自由の戦士」と呼ぶレーガン大統領の歓迎を受けました。しかしながら、こういう人々は正式な意味ではけっしてイスラームを代表しているわけではありません。イマーム〔導師〕でもなければシャイフ〔長老・首長〕でもない。イスラームのための戦士を自分勝手に名のっているだけです。ウサマ・ビンラディンはサウジアラビア出身ですが、神聖なムハンマドの土地であるサウジアラビアに合衆国が軍隊を駐留させているという理由で、自分は愛国者であると思っています。それと並んでまた、自分たちは必ず勝つという信念、ソ連を打ち負かしたように、今度も勝てるはずだという気持ちがあります。そして、このような自暴自棄で病的な宗教意識の中から生まれてきたのが、危害を加えてやろうという、すべてを包み込むような衝動です。ニューヨークで起こったように、罪のない人や無関係の人のことなどいっさいおかまいなしなのです。これを理解するということは、もちろん、それを容赦することとはまったく違います。恐いなあと思うのは、この事件を歴史的に解釈しうるものとして（共感は込めずに）話しはじめると、愛国心に欠けるとみなされるようになり、口を封じられる、という風潮がここにきて強まってきていることです。これはとても危険なことです。ぼくたちが住むこの世界、ぼくたちもそこに参加している歴史、超大国として形成している歴史を十分に理解することは、まさしくすべての市民にとっての義務ではありませんか。

――有識者や政治家の中には、「畜生どもを皆殺しにしろ」という『闇の奥』の中のクルツの言葉をそっくりそのままくり返しているような人たちがいますね。

サイード　はじめの数日の論調は、憂うつになるほど一色に染まっていると思いました。本質的に同じ分析が何度もくり返され、違った見方や解釈や反省が登場する余地はほとんどありませんでした。とても心配なのは、分析や反省が不在なことです。たとえば「テロリズム」という言葉をとってみましょう。この語はいまや、反米主義と同一視されています。そして今度は、反米主義と合衆国に批判的であることが同義であるとされ、ひいては合衆国に批判的であるということは愛国心に欠けるということに等しいとされるのです。こんなむちゃな等式の連続は、とても受け入れられません。テロリズムの定義はもっと正確でなければなりません。そうしなければ、たとえばイスラエルの軍事占領と戦うためにパレスチナ人がしていることと、世界貿易センターをつぶしたようなテロとを区別することができなくなってしまいます。

――あなたなら、どのように線引きなさいますか？

サイード　たとえば、ガザのひどい惨状（イスラエルに大きな責任があります）の中で暮らす若い男が、ダイナマイトを体に縛りつけてイスラエル人の群集に突っ込んでいったとしましょう。ぼくは一度もそういうことに容赦を与えたり賛同したりしたことはありませんが、少なくとも理解することはできます――自分の生活や身の回りのすべてから締め出されたと感じている人間、自分の仲間たち、他のパレスチナ人や、両親や、兄弟姉妹が苦しめられ、傷つけられ、殺されたりするのを見てきた人間の、すてばちな望みなのです。彼は、何かをして反撃したいのです。これは、ほんとうにせっぱつまった人間が、不当に押しつけられた状況から自分を解放しようとして訴えた行為として理解することができるでしょう。それに賛同することはできませんが、少なくとも理解することは可能です。世界貿易センターやペンタゴンの爆撃テロを実行した人々は、これとは別のものです。明らかに、彼らはすてばちになった貧しい難民キャンプの住民ではないからです。彼らは中産階級で教育があり、英語を話し、飛行士訓練校に通い、アメリカに渡航し、フロリダに住むことができるような人たちでした。

――『イスラーム報道』の改訂版の前書きで、「イスラームについての悪意に満ちた一般化は、西欧において外国文化に対する侮辱が許される残された最後の形式となった」と述べておられますね。なぜ、そんなことになったのですか？

サイード 油断のならない「他者」というイスラームに対する意識――ムスリムは狂信的で粗暴で貪欲で分別がないと描かれる――は、植民地時代にオリエンタリズムとぼくが名づけたものの中で発達します。この「他者」についての研究は、ヨーロッパと西洋一般のイスラーム世界における支配と優越性に、大いにかかわっているのです。そして、執拗に続いてきました。なぜならそれは、イスラームをキリスト教に競合するものとみなす宗教的なルーツにひじょうに深く根ざしたものだからです。この国のたいていの大学や各種学校のカリキュラムを見てごらんなさい。イスラーム世界との長い接触の歴史にもかかわらず、イスラームについて本当に教えられるようなものは、ほとんど見つかりません。人気のメディア番組を見れば、「シーク」（The Sheik）〔一九二一年の米映画。サハラを舞台にした、英国娘と砂漠の首長のラブロマンス〕のルドルフ・ヴァレンティーノに始まるステレオタイプがいまもちゃんと残っていて、しかも国境を超えた悪役へと進化して、テレビや映画や文化一般に登場しているのがわかるでしょう。イスラームについて乱暴な一般化をするのは、とてもたやすいことです。『ニュー・リパブリック』〔米国のリベラル派を代表する雑誌だが、現在はシオニスト寄り〕をとりあえず一冊読んでみるだけで十分です。必ずそこには、イスラームと結びつけられた急進主義の悪玉、堕落した文化をもつアラブ、などといった記事が見つかりますから。こんな大雑把な一般化は、合衆国では他のどんな宗教やエスニック・グループに対しても、とうてい許されるものではありません。

──ロンドンの『オブザーヴァー』紙に最近発表なされた記事〔「集団的熱狂」〕で、戦争にかりたてられる合衆国は、モービー・ディックを追うエイハブ船長に薄気味悪いほど似ているとおっしゃってますね。何を思って、そう書いたのですか？

サイード　エイハブ船長は、自分を傷つけた〔片足をもぎとった〕白鯨を追跡することに脅迫的な情熱を燃やし、どのようなことが起ころうが、地の果てまでも追いかけようとした男でした。小説の最終の場面で、エイハブ船長は、自分のモリのロープに絡めとられて白鯨に巻きついて海に引きずり出され、明らかに死の運命に向かいます。ほとんど自滅的といってよい最終シーンでした。さて、今回の危機のはじめの時点でジョージ・ブッシュが公衆に向けて放った言葉──

「殺してもいいから捕まえろ」とか「十字軍」とかです――が示唆するのは、国際ルールに従ってこの男に裁きを下すための秩序だった思慮ぶかいステップというよりは、むしろなにか黙示録的なもの、それ自体もまた犯罪的な残虐行為と同列に並ぶようなものです。それは事態をさらにずっと悪化させるだけのことでしょう。ものごとには、つねに結果が伴うものですから。

ウサマ・ビンラディンはいまやモービー・ディックとして世界じゅうの悪の象徴にされていますが、この男に一種の神話的な地位を与えることは、かえって彼のゲームにはまり込んでしまうことになるのじゃないかとぼくには思われます。むしろ、この男から宗教的な要素をはぎ取ることが必要だと思います。彼を現実の領域に連れ戻さなければなりません。この男は犯罪者として、ひとりのデマゴーグであり、罪のない人々に対して非合法な暴力を加えた男として扱われねばなりません。それに相当した処罰を彼に加えるべきなのであって、まわりの世界（彼のものも、わたしたちのものも）を道づれにすべきではありません。

（David Barsamian　一九四五年、ニューヨーク生まれ。一九八六年後半、コロラド州ボールダー市を拠点に、積極的な政治発言をおこなう知識人・評論家とのインタビューを中心としたラジオ番組「オルターナティブ・ラジオ」を開始し、コミュニティ・ベースの放送活動を推進している。サイードの『ペンと剣』をはじめ、ラルフ・ネーダー、チョムスキー、イクバール・アフマド、ハワード・ジンらのインタビュー集を刊行。）

Progressive, November 2001 Volume 65 Number 11

訳　註

＊　本書の訳文および訳註でもちいる用語について、若干の定義をしておきたい。「パレスチナ人」「アラブ人」「ムスリム」、あるいは「イスラエル人」「ユダヤ人」「ユダヤ教徒」という用語の使用には、困難な問題が含まれているためである。

1　「パレスチナ」とは、一九四八年のイスラエル建国以前は、現在のイスラエルとパレスチナ自治区の両方を含んだ土地を意味するが、一九四八年以降は現在のパレスチナ自治区のみを指す場合が多い。しかし、それ以降もイスラエルによる占領地域の拡大によって、その指す範囲は変化しており、また文脈によっては、現イスラエル領を含めた全体を指す場合もある。

2　「パレスチナ人」とは、一九四八年以降、イスラエル領となった地域を除くパレスチナに住むアラブ人および周辺諸国に難民として逃れたアラブ人を意味することが多いが、イスラエル国内に住みイスラエル国籍をもつアラブ人を含める場合もある。しかし、パレスチナ人が「パレスチナ人」としてのアイデンティティをいつからどのように保持しているのかは、当然ながら一義的には決められない。オスマン帝国期からとする説、一九二〇年前後のイギリス委任統治初期とする説、一九三六年からのアラブ大反乱期とする説、一九四八年のイスラエル建国期とする説、一九六七年第三次中東戦争による全面的被占領期とする説、一九八七年からのインティファーダ期とする説、さらにはイスラエル国内のアラブ人にまで広がった二〇〇〇年九月からの第二次インティファーダ（アル・アクサ・インティファーダ）期とする説まである（はじめてイスラエル国内のアラブ人にまで抵抗運動が共有されたからだ）。おそらく、これらすべてのプロセスを経ながら、さまざまなかたち・範囲・程度で、パレスチナ人としてのアイデンティティが形成されてきたと言える。だが、現在でも「アラブ人」や「ムスリム」としてのアイデンティティのほうが強い人も少なくないだろうし、さらにもっとローカルなレベルでのアイデンティティもまた共存して当然であろう。

3 「アラブ人」（慣用的に「アラブ人」という言い方をするが、厳密には「アラブ」のみで「人」を指す）には、ムスリムだけでなく、キリスト教徒も、そしてユダヤ教徒も含まれていることには注意を要する。十九世紀末以降、ロシア・ヨーロッパから移住してきたユダヤ教徒ではなく、それ以前からパレスチナに住んでいたユダヤ教徒、および周辺のアラブ諸国から四八年以降にイスラエルに移住してきたユダヤ教徒はアラブ人である。

4 「ムスリム」とは、一般には「イスラーム教徒」と表記されることが多い。しかし、イスラームがたんなる宗教ではなく、法律・政治・経済・社会全体を含めた体系であるため、「イスラーム教」ではなく「イスラーム」とするほうが一般的であり、またイスラームに帰依する人のことも「教徒」とは言わずに、「ムスリム」とする。

5 「イスラエル人」とは、一九四八年のイスラエル建国以降、イスラエル国籍をもつ人のことを指すが、イスラエル国内の人口のおよそ二割がアラブ系イスラエル国籍者であるため、「国籍保持者」という一般的な意味では単純に「イスラエル人」とは呼ぶことはできない。一般には、アラブ系を除いたユダヤ教徒であるイスラエル国籍者を「イスラエル人」と呼ぶことが多い。

6　「ユダヤ人」とは、厳密には「ユダヤ教徒」であることによってしか定義できないため、人種的概念ではないことはもちろん、民族的概念であると言うことにも一定の留保を要する。ユダヤ人／ユダヤ教徒には、ヨーロッパ系もいれば、アラブ系もアフリカ系もいる。実際、イスラエル国内のユダヤ人はヨーロッパ系が政治や経済においてマジョリティを構成するが、人口比で言えばモロッコ出身者がもっとも多い。さらに、「ユダヤ教徒」の意味で「ユダヤ人」という名称を厳密に用いようとすると、世俗的なユダヤ系イスラエル人が含まれなくなるという問題が生ずる。

以上のように、土地への帰属、宗教への帰属、民族意識などは、相互にずれ、また重なっており、一つのカテゴリーで語るには複雑な問題がはらまれている。用語の選択についてはそうした問題を前提としつつも、便宜的に使用せざるをえないことを断っておきたい。

(1)　アル・アクサ・インティファーダ　二〇〇〇年九月末に、リクード党首アリエル・シャロンが、エルサレム旧市街にあるイスラームにとって重要な聖地ハラーム・アッシャリーフにあるアル・アクサ・モスクを、二〇〇〇人もの治安部隊をともなって強行に訪問した。このイスラエルによる東エルサレム支配をアピールする行為に対して抗議をするパレスチナ人らにイスラエルの治安部隊が発砲し、これに端を発して長期的かつ大規模なパレスチナ人による抗議行動と、それに対するイスラエルによる武力弾圧に発展した。一九八七年に始まったインティファーダ（民衆蜂起）に続いて、アル・アクサ・インティファーダあるいは第二次インティファーダと呼ばれる。そもそもインティファーダとは、従来のパレスチナの外部におけるPLOを中心とした軍事闘争路線が一九八二年（註4参照）に破産した後に、それに代わって占領地の内部から自然発生的に起こったデモやストライキなどによる非暴力抵抗運動である。武装したイスラエル兵に対して、パレスチナの側は一〇代・二〇代の若者が前面に出て、しかも投石のみによって抵抗をした。九三年頃までには一応の「沈静化」が見られたが、今回のアル・アクサ・インティファーダ（第二次インティファーダ）は、九三年以降の和平プロセス（註5参照）が何ら問題の本質的な解決になっていなかったことを反映している。さらに、この混乱の最中の二〇〇一年二月の首相選挙で、問題の発端となったシャロンがイスラエル首相に当選し、いっそうの緊張を引き起こした。（1頁）

（2） 一九四八年五月のイスラエル建国とそれに続く第一次中東戦争。ヨーロッパから大量のユダヤ人移民が流入したイギリス委任統治下でも、ユダヤ人入植村の既成事実をつくり上げるために、パレスチナにおけるアラブ人の土地・家・畑は収奪され破壊されてきたが、四八年の建国前後にはイギリスの撤退を受けた政治的空白の中でその組織的破壊は大規模化し、軍事テロによるアラブ系住民の追放により、四〇〇を超える村が破壊され、大量のパレスチナ難民が発生した。これに対しイスラエルの建国をみとめない周辺アラブ諸国がパレスチナに派兵し、いわゆる第一次中東戦争がはじまった。結局アラブ側は敗北し、四九年の停戦協定により、イスラエルは国連分割案を超える地域を支配下に収める一方、東エルサレムを含むヨルダン川西岸地区はヨルダンに、ガザ回廊はエジプトにそれぞれ併合されることとなった。（4頁）

（3）　一九六七年の第三次中東戦争。イスラエルの圧倒的な勝利によって、東エルサレムと西岸地区（ヨルダン）、ゴラン高原（シリア）、ガザ地区とシナイ半島（エジプト、シナイ半島は後に一九七八年のキャンプ・デーヴィッド合意によってエジプトに返還された）が占領される。イスラエルでは建国以来の「第二の奇跡」とさえ言われ、イスラエルの宗教化が強まり、また占領地としての西岸・ガザへの入植活動も活発になされるようになった。この戦争および入植活動の結果、またしても大量のパレスチナ難民が発生した。（5頁）

（4）　一九七〇年代はじめからPLO（パレスチナ解放機構）はレバノンに拠点を移し、イスラエルの占領に対する武力解放闘争を活発におこなってきた。これに対するイスラエルの反撃などでレバノンでは内政や治安が悪化し、内部対立が激化していた。一九八二年六月、イスラエルは、PLOを壊滅させる目的でレバノン南部およびベイルートに侵攻し、軍事拠点だけでなく一般市民の町や村、そしてパレスチナ人の難民キャンプに対し、無差別に爆撃をくり返した。PLOとレバノンが受諾した国連停戦案をイスラエルのみが拒絶し、また国連安全保障理事会のイスラエル非難決議にアメリカが拒否権を行使しイスラエルを支持する中で、空爆が続けられた。最初に攻撃された南部から多くの難民がベイルートに流入したが、イスラエルは続いてベイルートを包囲し、数次にわたって大規模に無差別爆撃をくり返した。こうした中で、パレスチナ人とPLOのためにレバノンにも被害が及んでいると考えるレバノン人右派民兵がイスラエルの味方になり、イスラエル軍と共同作戦をとるなどした。停戦後、九月に入りPLOがレバノンから撤退したところで、ベイルートに隣接する二つのパレスチナ人難民キャンプ、サブラー・キャンプとシャティーラ・キャンプをイスラエル軍が包囲し、その黙認のもとで、レバノン人の右派民兵ファランジストがパレスチナ難民三〇〇〇人以上を虐殺した（むしろイスラエル軍が積極的に虐殺を促しつつ、巧妙にその直接関与は否定できるようにしたという分析もある）。（5頁）

（5） 和平プロセス　一九九三年のオスロ合意によって、ヨルダン川西岸とガザ地区でのパレスチナ人による暫定的な自治を段階的に進めていくことが確認された。限定的にイスラエル軍が撤退しパレスチナ自治政府へ権限を委譲し、その地域はしだいに拡張されるが、その権限からは外交と防衛は除かれることになっている。だが、オスロ合意において棚上げにされたパレスチナの最終地位確定の問題や、境界（国境）の画定の問題、エルサレムの帰属、パレスチナを離れた在外パレスチナ難民の帰還、ユダヤ人入植地、水資源の配分などの重要な諸問題について、暫定自治開始から二年以内に交渉を開始し、暫定自治期限内に合意するはずだったが、まったく進展していない。（7頁）

（6） 二〇〇〇年七月にアメリカのキャンプ・デーヴィッドにおいて、クリントン大統領の仲介で、イスラエルのバラク首相とパレスチナ自治政府代表ヤセル・アラファトが、棚上げにされていたパレスチナの最終地位問題などについて話し合ったが、決裂した。イスラエル側が「最大の譲歩」を示したにもかかわらず、パレスチナ側が「非妥協的な態度」を取ったために破綻したと言われているが、実際にクリントンが提示した合意案では、前註で触れたエルサレム問題、難民問題、入植地問題などのあらゆる重要な点に関して、パレスチナ側に全面的な譲歩を強いるものであった。ちなみに一九七八年のエジプト、イスラエル、アメリカによるキャンプ・デーヴィッド合意のことではない。(7頁)

(7)『エクソダス』　第二次大戦後、ヨーロッパからキプロスを経てパレスチナへ向かい、そして「イスラエル建国」を目指すユダヤ人たちの物語。イギリス軍の制止を振り切りキプロスを出た船は、モーゼの「出エジプト」にちなんで、「エクソダス」号と名づけられた。パレスチナの地で彼らを迎えたアラブ人たちは、彼らを襲う野蛮な暴徒として描かれている。ベストセラーになったこの小説は一九六〇年には映画化された。『エクソダス――栄光への脱出1・2』(犬養道子訳)として邦訳もされた(河出書房新社、一九六一年)。(8頁)

(8)　戦争犯罪人シャロン　訳註4に記した一九八二年のレバノン侵攻を、ベギン内閣の国防大臣として企画・実行したのがアリエル・シャロンである。そのためレバノン侵攻は「シャロンの戦争」とさえ言われる。現在シャロンは、この件でベルギーの戦争犯罪法廷に訴追されている。(10頁)

(9)「二〇年前」というのは、一九七九年のソ連によるアフガニスタン侵攻に端を発する紛争である。このとき、イスラーム圏への侵攻に反発をするムスリムらが各国から義勇兵として数多く参戦したが、ビンラディンもその一人であった。また、冷戦下で共産圏の拡大を阻止したいアメリカの利害が一致したため、アメリカはビンラディンも含めた義勇兵に軍事訓練、武器供与、資金供与など全面的な支援をおこなった。(15頁)

(10)　このあたりは、今回の事件で不適当な発言のめだったブッシュ大統領への揶揄。テロリストたちを"folks"と呼んだことも、"dead or alive"などという西部劇まがいの言葉も、ともに一国の大統領の

演説としてはいかがなものかと、他の失言と並んでメディアの批判をあびた。（24頁）

（11） Durban Conference　南アフリカのダーバンで二〇〇一年八月三十一日から約一週間の日程で開かれた人種差別をはじめあらゆるかたちの差別の撤廃をめざす国連主催の「世界人種差別撤廃会議」。過去における奴隷貿易と植民地支配についての謝罪と補償をめぐるアフリカ諸国と欧米先進国の対立に加えて、アラブ諸国が提起した「イスラエルのシオニズムは人種差別主義である」という批判の扱いをめぐり終盤になって紛糾。合衆国とイスラエルは、イスラエルがパレスチナ住民を弾圧しているとの文言を採択文書から削除することを要求し、それが通らぬと見るや会議から引き揚げるという挙に出た。この事件は、地球温暖化防止のための京都議定書や包括的核実験禁止条約（CTBT）からの離脱意思表明など、ブッシュ政権の誕生以来つづいてきた一連の単独行動主義（ユニラテラリズム）外交の流れに連なるものであり、この話題も冷めやらぬうちに九月十一日の事件が起こった。（27頁）

（12） *History of the Arabs.* Hitti, Phillip K., 1937. 一九七〇年版（tenth edition）の邦訳が『アラブの歴史（上・下巻）』（岩永博訳）として講談社学術文庫から出ている。（27頁）

（13） disspossession　サイードの著作に頻出するキーワード。イスラエルの建国によって同地のアラブ系社会は崩壊し、パレスチナ人は土地や財産はもとより職業や地位や資格や国籍という社会的帰属も失った。このような有形・無形の喪失、持てるものすべてを剝奪されたという状態を指すものとしてディスポゼッション（財産や権利を奪われること）という表現が使われていると思われる。現在も占領地において日々くり返されているパレスチナ人の土地の収奪はその延長上にある。（28頁）

(14)　Sudan Bombing　一九九八年八月七日に発生したケニヤとタンザニアの米大使館爆破事件への報復措置として、アメリカ(クリントン政権)は八月二十日、アフガニスタンとスーダンに巡航ミサイル・トマホーク百発程度を撃ち込んだ。スーダンではハルツーム郊外にある「アルシファ薬品工場」が爆撃された。この医薬品工場は子供用ワクチンをはじめ同国の医薬品の五〇パーセント、マラリヤ治療薬など主だった薬品の九〇パーセントを供給していたため、基本的な医薬品の供給が長期にわたって停止したことによる人命の喪失は膨大なものにのぼると推察される。アメリカは化学兵器(毒ガスのVX原料)製造の疑いがあったためと主張しているが、証拠はなにも示されていない。この事件は、「九・一一のテロ事件に匹敵するどころか、それを大きくしのぐアメリカによる残虐行為だ」とチョムスキーは非難している。(29頁)

(15)　ここで“secular”(世俗的な/非宗教的な)ということが強調されているのは、一九六四年の「パレスチナ国民憲章」の制定と六八年の改定を経て確認されてきた、「民主的・非宗教的パレスチナ国家」が念頭に置かれてのことであると思われる。独立したパレスチナ国家においては、すべての国民は宗教とは無関係に平等な権利をもつ、という理念がある。(34頁)

(16)　「集団懲罰」とは、見せしめとして住民全体に「罰」を与え、抵抗運動を押さえ込もうという政策である。自治区を分断・孤立させ、道路沿いに戦車を配備し、道路やユダヤ人入植地周辺のオリーブ畑を破壊するなどのことが日常的におこなわれている。自分の土地にも入れず、通勤・通学・物流が妨害されるだけでなく、救急車の通行まで阻止される。(34頁)

(17)　Bernard Lewis　英国出身の中東学者。米国におけるイスラーム研究の第一人者でプリンストン大学名誉教授。翻訳に、『アラブの歴史』(林武、山上元孝訳、みすず書房、一九八五年)『ムスリムのヨーロッパ発見』(尾高普己訳、春風社、二〇〇〇年)や『イスラーム世界の二千年』(白須英子訳、草思社、二〇〇一年)がある。本文中に出てくる"The Roots of Muslim Rage"は『アトランテック・マンスリー』誌二六六号(一九九〇年九月)に載った記事。最近も、イスラームとテロルの関係を論じた「殺しのライセンス」というタイトルの記事を『フォーリン・アフェアーズ』誌に書いている("License to Kill," *Foreign Affairs* 1998 November/December)。(37頁)

(18) Branch Davidian 最終戦争がおきるという教義を説くデイヴィッド・コレシュを指導者とする再臨派のカルト集団。一九九三年四月、FBIの強制捜査を契機にテキサス州ウェイコの教会にたてこもり、二カ月近くにわたる銃撃戦の末、信者八〇人を道づれに自殺。アメリカの世論では、政府による信教の自由の弾圧という見方も強く、その二年後におこったオクラホマ・シティ連邦ビル爆破事件は、ウェイコの強制捜査に抗議するものであったといわれている。ジム・ジョーンズは終末論を説く「人民寺院」(Pepole's Temple)の教祖。一九七八年十一月に信者九〇〇人以上が南米ガイアナで集団自殺した。(40頁)

(19) Eqbal Ahmad(一九三三―一九九九) 英国植民地時代のインドに生まれ、アメリカで教育を受けた政治学者・活動家。フィリップ・ヒッティのもとで学ぶかたわら、アルジェリア独立運動でFLN(アルジェリア民族解放戦線)に参加しフランツ・ファノンと交友を結んだ。その後、合衆国のヴェトナム介入に対する反戦運動でも早い時期から活躍した。パキスタンと米国(ハンプシャー大学)の両方で教鞭をとり、『ニューヨーク・タイムズ』や『ネイション』、またパキスタンの『ドーン』誌

などに寄稿していた。(44頁)

(20) ジョーゼフ・コンラッド(一八五七—一九二四)による一八九九年の小説 *Heart of Darkness*(邦題『闇の奥』)を踏まえたもの。この小説はアフリカ大陸を舞台にヨーロッパ帝国主義の植民地支配が支配する側もふくめて人間精神を腐敗堕落させていくさまを描いている。コンラッドはポーランド出身で、二〇年の船員生活を経て英国に帰化し、ロシア語・ポーランド語につぐ第三の言語である英語で作家活動を始めた。コンラッドは「ヨーロッパ帝国主義のもっとも瞠目すべき証人」であるとして、サイードは博士論文でとりあげて以来ずっとこの小説家に注目しつづけている。(45頁)

(21) Henri Pirenne, *Mohammed and Charlemagne* 邦訳『ヨーロッパ世界の誕生——マホメットとシャルルマーニュ』増田四郎監修、中村宏・佐々木克己訳、創文社、一九六〇年。(47頁)

(22) ルイ・マシニョン(一八八三—一九六二) フランスのイスラーム研究家。アル・ハッラージュを中心とするイスラーム神秘主義の文献学研究で知られ、ポール・クローデル、M・ブーバー、T・E・ロレンスなどとも交流があり、大きな影響力をもった。サイードは『オリエンタリズム』(今井紀子訳、平凡社)第二章でマシニョンをとりあげ、現代における典型的オリエンタリストとして詳細に論じている。マシニョンは、ユダヤ教、キリスト教、イスラーム教という三つの一神教を、アブラハムという共通の父祖をもつものと考え、現代のパレスチナにおける対立も、このアブラハムの継承者としての地位をめぐる根源的な宗教的対立に還元してとらえようとする、とサイードは述べている。預言者アブラハムは旧約聖書の創世記に登場するノアの子セムの子孫で、ユダヤ教やキリスト教ではヤーヴェ、イスラーム教ではアッラーと呼ばれる神とのあいだに排他的な信仰契約を結び、カナーンの地（パレスチナ）を約束された。ユダヤ教では、アブラハムとサラの子イサクの子孫がユダヤ民族であり、自分たちはイサクを通して神との契約を継承しているとする。アブラハムにはエジプト出身の女奴隷ハガルとのあいだにイシュマエルという最初の子があったが、サラの要求で母子ともに荒野に追放された。イスラームの教えでは、このイシュマエルの子孫がアラブ人であり、イサクとその子孫によって神との契約から不当に除外された民族である。剝奪された神との契約を回復することがイスラームの教義となる。本文中で語られているのは、このような神話的な背景を現実の対立に投影しようとする傾向である。（48頁）

（23） *The War of the Worlds*（一八九八）　火星人が地球に攻めてくるというH・G・ウェルズのSF小説。一九三八年、これをラジオ番組（「火星人の襲来」）に脚色したオーソン・ウェルズが、ハロウィンのスペシャル番組として臨時ニュースをよそおって放送したため本気にする人が続出し、全米でパニックが起きた。（49頁）

（24）　PFLPはPLOを構成する諸派のひとつで反主流派であるが、アラファトの率いる主流派ファタハに次ぐ勢力をもち、オスロ合意には反対の立場をとっている。八月二十七日、西岸地区のパレスチナ自治区ラーマッラーで、PFLPのアブー・アリー・ムスタファ議長の事務所にイスラエル軍の武装ヘリコプターがミサイルを撃ち込み、同議長を殺害した。イスラエル極右勢力を代表するゼエヴィ観光相の暗殺は、それに対する報復である。広河隆一氏によれば、ゼエヴィは占領地のパレスチナ人をヨルダンに追放してロシア系ユダヤ人をそこに入植させるという「民族浄化」によるパレスチナ紛争の根本解決を立案、推進していた。（50頁）

(25) 「聖職者」(cleric) 本来イスラームにはいわゆる聖職者階層は存在しないため、「聖職者」という用語を使うことには批判がある。「聖職者」と訳されるのは、一般にイスラームにおいて「ウラマー」と呼ばれるイスラームに関する知識を修めた者のことであり、社会生活のさまざまな面で重要な指導的役割(法学者・教師・裁判官、など)を果たしている。しかし他方で、キリスト教会などにおける聖職者の役割のように、事実上聖職者としての機能を有していることも指摘されているため、ここでは「聖職者」のままとした。(54頁)

(26) Hamas Ḥaraka al-Muqāwama al-Islāmīya(イスラム抵抗運動)の略称。ムスリム同胞団のアフマド・ヤーシン師が一九八二年ガザで発足させたスンニー派イスラーム復興運動組織。当初は西岸やガザなど占領地のパレスチナ人難民のための医療福祉活動をおこなっていたが(いまでもそれは続いている)、一九八七年のインティファーダ発生に伴い武力闘争路線に転じ、占領地における抵抗運動で主導的役割を果たすようになっていった。九〇年代になって自爆テロ戦術をとりはじめた。(54頁)

(27) Islamic Jihad ハマスと同様八〇年代はじめから占領地で活動していたスンニー派復興運動組織。インティファーダ発生に際していち早く闘争運動に転じガザを中心に急速に支持者を集めたが、九〇年代以降は活動が低調になった。(54頁)

(28) Peace Now イスラエル予備役軍人を中心に一九七八年に創設された、同国最大の民間和平推進団体。(56頁)

(29) 湾岸戦争後の一九九一年十月末、アメリカとロシアの主催でマドリードで開催された中東和平国際会議のこと。エジプト以外の周辺アラブ諸国がはじめてイスラエルと直接交渉をおこない、多国間の交渉によって和平を推進していこうという画期的な試みであった。しかし労働党のラビン政権が誕生すると、イスラエルはマドリード交渉とほぼ併行してPLOとの単独秘密交渉に入り（PLOが正式な交渉相手として認められたのはこれがはじめてであった）、両者のあいだにオスロ合意を成立させた。この「暫定自治に関する原則」文書は一九九三年九月にホワイトハウスで調印され、それにもとづいた不毛な和平プロセスが以後八年間にわたって続くこととなった。（59頁）

（30）　Mitchell Report　二〇〇〇年秋からの第二次インティファーダの発生と対立激化をめぐって、事情調査と打開策の提案をめざして設置された国際調査委員会（ミッチェル米元上院議員を委員長とする）の最終報告書。この提案は二〇〇一年五月二十一日、正式にイスラエルとパレスチナ双方に伝達された。（59頁）

（31）　Hizbullah（神の党）　一九八二年に結成されたレバノンのシーア派集団で国会に議席ももつ政治軍事組織。イランのイスラーム革命に大きな影響を受け、レバノンにもイランのようなイスラーム共和国を樹立することをめざしている。しかし、最大の闘争目標はイスラエルの占領支配に対する抵抗運動である。八二年はイスラエルのレバノン侵攻によってPLOがベイルート撤退を余儀なくされた年であるが、イスラエル軍はその後もレバノン南部に居座り、二〇〇〇年五月に撤退するまで二〇年近く実質的な占領支配を続けていた。（65頁）

（32）　Mahmoud Darwish（一九四二―）　パレスチナの代表的な詩人・ジャーナリスト。一九四八年の難民。七〇年代はじめイスラエルからベイルートに本拠を移し、PLOと共に活動した。八二年以降もPLOと行動を共にするが、一九九四年オスロ合意に反対して決裂。一九六九年アジア・アフリカ作家会議のロータス賞を受賞、八三年レーニン平和賞受賞。『翼なき鳥』（一九六〇）『パレスチナの恋人』（一九六八）などの作品がある。

ここに引用されている「アフター・ザ・ラスト・スカイ」という詩は、スイスの写真家ジャン・モアとサイードの共著『パレスチナとは何か』（英語の初版は一九八六年、邦訳は一九九五年に島弘之訳で岩波書店から出ている）の原題となっている。バーサミアンとの別のインタビューで、サイードは次のようにコメントしている。——この詩に注目したのは、それが一九八二年の出来事をふまえて書かれたものだからです。このとき、パレスチナ人は、一九四八年に続いてふたたび生活を築き上げていた国を追われたのです。この二度目の追放は、レバノンからでした。ただし、今度の事件に見舞われた世代は、四八年当時の世代に比べずっと政治的で、はるかに高い意識を備えていました。そのため、破滅という感覚もありましたが、それと同時に、再生という感覚もありました。つまり、最後の空、最後の道を通り抜けるということが暗示しているのは、たとえこれが最後のものと思われようとも、その向こう側にはまたもう一つの道、もう一つの空、もう一つの大地が開けているということです。……僕らは、どうやら最後のフロンティアにいるらしく、本当にこれが最後の空を見ているのらしい。この先には何にもなくて僕らは滅びていく運命にあるようだ。そういうことは分っているのだけれど、それでもまだ僕らは、「ここから、どこへ行くのだろう」と問いかけているのです。僕らは他の医者にも診てもらいたい。「おまえたちは死んだ」と宣告されただけでは、納得しません。僕らは進みつづけたいのです。（邦訳『ペンと剣』一九九八年、クレイン）（74頁）

訳者あとがき

九月十一日の合衆国の同時多発テロ事件を受け、さまざまな人々がさまざまな発言をした。同月十六日にイギリスの『オブザーヴァー』紙（『ガーディアン』紙の日曜版）に掲載された「イスラームと西洋というのは不適切な旗印」というサイードの記事は、なかでもとくに注目されたものの一つである。比較文学の研究者でありながらパレスチナ解放運動に深くコミットし、合衆国のメディアの偏向やアラブに対する偏見を鋭く批判しつつ、パレスチナ解放運動のもっとも強力な代弁者として積極的に発言してきたサイードが、今回の事件についてどのように語るのだろうと、コメントが出るのを待ち望んでいた人々も多かっただろう。その期待は裏切られることなく、サイードは、合衆国が異様な興奮状態につつまれ戦争熱が盛り上がる中で、過激な言辞と抽象化に走ることの危険を指摘し、冷静に現実に起こっている事態を見据えよと訴える、中身の濃いコメントを出した。だが、今回の事件に対するコメントは、けっして単発で出された一回性のものではない。これまでもずっとアラブ圏のメディアを通じて定期的に発表しつづけてきたパレスチナ問題をめぐる一連の記事の延長上に置かれるべきものである。

オスロ合意が成立した一九九三年の終わりごろから、サイードはアラブ圏の読者に直接語りかけるという取り組みを開始し、アラビア語の日刊紙『アル・ハヤート』(ロンドンで編集されるがアラブ圏で広く読まれている)に隔週ベースで記事を書きはじめた。同じ記事の英語版はエジプトの英字新聞『アル・アフラーム・ウィークリー』にも同時に発表されており、現在ではインターネットを通じて容易に読むことができる(http://www.ahram.org.eg/weekly/)。

本書は、この『アル・アフラーム・ウィークリー』に掲載されている記事の中から、九・一一事件の直前に書かれた「プロパガンダと戦争」から十二月末の「イスラエルの行きづまり」までの七本を切り取り、九月末に実施されたデイヴィッド・バーサミアンによる緊急インタビューを加えてまとめたものである。期せずして、内容的にもアメリカ国内の論調、パレスチナの政治情勢、イスラームと西洋という二元対立についてのやや観念的な論考がバランスよくミックスされたかたちになっている。

パレスチナ問題を軸にこれまでの記事をまとめたものは、すでに二冊の単行本として出版されている(*Peace and Its Discontents*, 1995 Vintage Books ; *The End of The Peace Process*, 2000 Vintage Books)。しかしオンラインで掲載されている記事は必ずしもパレスチナの状況にのみテーマを限定したものではなく、他の雑誌や新聞や講演などで発表されたものと同内容のものもあり、文学や音楽の論考など多岐にわたっている。冒頭で述べた『ガーディアン』の記事も、若干の加筆をして「集団的熱狂」のタイトルで『アル・アフラーム・ウィークリー』に掲載された。また、「無知の衝突」は『ネイション』誌に先に掲載されたものである。そういう意味では必ずしもアラブの読者のみを想定しているわけでもなく、誰に対して語りかけているのか、単純に割り切れないところがサイードの本質を反映しているとも言えよう。

本書でサイードが「わたしたち」と言うとき、それは誰をさしているのか？　答えは、さほど単純ではない。少なくとも、九月十一日の事件の後に合衆国のメディアを覆うようになった愛国ムードを煽るための「われわれ」とは対極にあるものである。ブッシュ政権のテロ撲滅戦争を批判し、爆撃されたアフガニスタンの民衆に同情を表明する識者の声は合衆国の中でも聞かれなかったわけではない。合衆国の戦争に便乗してパレスチナ人への迫害を一段と強化しているイスラエルを非難する声もあがっている。だが、テロ撲滅などという恣意的なスローガンのもとに大国の身勝手の犠牲にされているアラブやイスラーム世界の民衆を、「彼ら」として擁護するのではなく、「わたしたち」と呼びかけて励ますことのできるような欧米文化人がはたして何人いただろうか。そう呼びかけながら、同じ文章の中で、テロ事件による衝撃と悲しみをニューヨーク市民として分かち合うことのできるような人物が他にいただろうか。これほど見事に両方の側に立って分析し、発言することのできる人はまれであろう。逆にいえば、どちらの側からも距離を置いているということでもあり、それを可能にさせているのは、けっしてどこか一つのところに帰属することがない彼自身の在り方である。そして、ここに収めた一連の記事の中で一貫して強調されているのは、所与のものとされている「われわれ」と「彼ら」という区分のあやうさ、境界を設けることによって安堵を求めようとする衝動の愚かさと弱さである。

それが強調されなければならないのは、そこにつけ込んで誇大な抽象概念をふりまわし、敵愾心をあおって「われわれの敵に対する戦争」を正当化し、その背後に働いている現実的なあさましい打算を隠蔽することがメディアの役割と化したような事態が進行しているからである。だがメディアによるすり替えと隠蔽は、なにも九・一一事件によって始まったわけではない。テロ事件の直前に書かれた「プロパガンダと戦争」にあるとおり、一般市民に無差別に砲撃を浴びせる占領軍に投石で対抗する少年たちを「攻撃者」と呼び、被害者を加害者にすりかえるという離れ業に、合衆国のメディアは完璧に成功していたのだ。すでに大きな威力を発揮していた巧妙な言論統制が、テロ攻撃によって剥き出しになっただけのことである。これはけっして対岸の火事ではない。明確な終わりもないこの「戦争」の影響は、加担国である日本のメディアにも如実に現われている。合衆国メディアの受け売りたれ流しが横行する中、そのようなことに断固として異を唱えつづけるサイードの「もうひとつの声」に積極的に耳を傾けることが、これまでにも増して必要になっているといえよう。

現在進行形の連載記事の一部を切り取ったものであるため、情勢の変化によって不整合な部分もでてくるが、それは現実の政治展開と同時進行で書きつづけていることの現われとしてとらえ、翻訳編集の段階で後から振り返って帳尻を合わせるようなことは控えた。それぞれの記事における記述は、あくまでもそれが書かれた時点で有効であったものである。もうひとつ指摘しておかなければならないのは、若干の修正や加筆があるにせよ、基本的には同じ内容の記事が、さまざまな新聞、雑誌、ウェッブサイトに異なるタイトルで掲載されているということである。刻々と変化しハードコピーのようなかたちでの決定版というものがないオンライン記事の流動的な性格とも相まって、ここに収めた記事の原文がどれなのかが、やや紛らわしい状況になっている。そのため、現時点でオンラインで参照できる同内容の英文記事を、主なサイトのものに限って以下にまとめてみた。本書では基本的に『アル・アフラーム・ウィークリー』紙のタイトルと記事内容を採用したが、「無知の衝突」に限っては、内容との関連でより優れていると思われる『ネイション』誌のタイトルを採用した。

なお、「プロパガンダと戦争」「集団的熱狂」の二本は、早尾貴紀の翻訳で『みすず』誌二〇〇一年十月号に掲載されたものである。同じく『みすず』誌十一月号に掲載された「反発と是正」とそれ以降の記事は、中野真紀子が翻訳に当たった。（二〇〇二年一月初旬）

訳者

ウェッブ掲載記事一覧表（確認された掲載日の早い順）

「プロパガンダと戦争」
Propaganda and war　*Al-Ahram Weekly* No. 548　二〇〇一年八月二三〜二九日号（現在は No. 549 八月三〇日〜九月五日へ移行）

「集団的熱狂」
Islam and the West are inadequate banners　*The Guardian*　二〇〇一年九月一六日

Collective passion　*Al-Ahram Weekly* No. 552　二〇〇一年九月二〇〜二六日号

The Events and After　*ZNet*

「反発と是正」

Backlash and backtrack　*Al-Ahram Weekly* No. 553　二〇〇一年九月二七日〜一〇月三日号

The Necessity of Skepticism　*ZNet*

「無知の衝突」

The Clash of Ignorance　*The Nation*　二〇〇一年一〇月二二日号

Adrift in similarity　*Al-Ahram Weekly* No. 555　二〇〇一年一〇月一一〜一七日号

「ふるい起たせるヴィジョン」

A vision to lift the spirit　*Al-Ahram Weekly* No. 557　二〇〇一年一〇月二五〜三一日号

「危険な無自覚」

Suicidal ignorance　*Al-Ahram Weekly* No. 560　二〇〇一年一一月一五〜二一日号

「イスラエルの行きづまり」

Israel's dead end　*Al-Ahram Weekly* No. 565　二〇〇一年一二月二〇〜二六日号

Is Israel more secure now?　*CounterPunch*　二〇〇二年一月四日

「「9・11」をめぐって——インタビュー」

The Progressive　二〇〇一年一一月号（Volume 65, Number 11)

著者略歴

(Edward W. Said)

1935年11月1日，イギリス委任統治下のエルサレムに生まれる．カイロのヴィクトリア・カレッジ等で教育を受けたあと合衆国に渡り，プリンストン大学，ハーヴァード大学で学位を取得．現在 コロンビア大学英文学・比較文化教授．邦訳されている著書に『オリエンタリズム』(平凡社，1986)『イスラム報道』(みすず書房，1986)『始まりの現象』(法政大学出版局，1992)『知識人とは何か』(平凡社，1995)『世界・テキスト・批評家』(法政大学出版局，1995)『パレスチナとは何か』(岩波書店，1995)『音楽のエラボレーション』(みすず書房，1995)『文化と帝国主義』(全2巻，みすず書房，1998，2001)『遠い場所の記憶 自伝』(みすず書房，2001) などがある．

訳者略歴

中野真紀子〈なかの・まきこ〉 翻訳家．訳書にサイード『ペンと剣』(クレイン，1998)『遠い場所の記憶 自伝』(みすず書房，2001) エリオット・レイトン『大量殺人者の誕生』(人文書院，1995) など．Contact:(E-mail) mailtomakiko@yahoo.com (Web site) http://home.att.ne.jp/sun/RUR55/home.html

早尾貴紀〈はやお・たかのり〉 1973年生まれ．東北大学文学部卒．現在 東北大学経済学研究科博士課程在籍．社会思想史専攻．論文「「従軍慰安婦」問題における暴力のエコノミー」(『現代思想』1999年6月号)「パレスチナ・イスラエルにおける記憶の抗争――サボテンの記憶」(岩崎稔編『集合的記憶とは何か』，人文書院，近刊)．

エドワード・W・サイード
戦争とプロパガンダ
中野真紀子
早尾貴紀
共訳

2002 年 1 月 28 日　印刷
2002 年 2 月 8 日　発行

発行所 株式会社 みすず書房
〒113-0033 東京都文京区本郷 5 丁目 32-21
電話 03-3814-0131(営業) 03-3815-9181(編集)
http://www.msz.co.jp

本文印刷所 三陽社
扉・表紙・カバー印刷所 栗田印刷
製本所 鈴木製本所

Printed in Japan
ISBN 4-622-03681-9
落丁・乱丁本はお取替えいたします